Carmen Zajons

Erbschaftsteuer in Deutschland

Pro und Contra einer Regionalisierung

Zajons, Carmen: Erbschaftsteuer in Deutschland: Pro und Contra einer Regionalisierung, Hamburg, Igel Verlag RWS 2015

Buch-ISBN: 978-3-95485-312-0
PDF-eBook-ISBN: 978-3-95485-812-5
Druck/Herstellung: Igel Verlag RWS, Hamburg, 2015

Bibliografische Information der Deutschen Nationalbibliothek:
Die Deutsche Nationalbibliothek verzeichnet diese Publikation in der Deutschen
Nationalbibliografie; detaillierte bibliografische Daten sind im Internet über
http://dnb.d-nb.de abrufbar.

© Igel Verlag RWS, Imprint der Diplomica Verlag GmbH
Hermannstal 119k, 22119 Hamburg
http://www.diplomica.de, Hamburg 2015
Printed in Germany

Inhaltsverzeichnis

Abkürzungsverzeichnis

a.F.	alte Fassung
Abs.	Absatz
AmtshilfeRLUmsG	Amtshilferichtlinie-Umsetzungsgesetz
AO	Abgabenordnung
Art.	Artikel
BDI	Bundesverband der Deutschen Industrie e. V.
BFH	Bundesfinanzhof
BGBl.	Bundesgesetzblatt
BMF	Bundesministerium für Finanzen
BStBl.	Bundessteuerblatt
BT-Drs.	Bundestag-Drucksache
BV	Bundesverfassung (Österreich)
BVerfG	Bundesverfassungsgericht
BvL	Bundesamt für Verbraucherschutz und Lebensmittelsicherheit
bzw.	beziehungsweise
d.h.	das heißt
DStJG	Deutsche Steuerjuristische Gesellschaft
ErbStG	Erbschaftsteuergesetz
ESTV	Eidgenössische Steuerverwaltung
f.	folgende (Seite)
FDP	Freie Demokratische Partei
ff.	folgende (Seiten)
GG	Grundgesetz
HdWW	Handwörterbuch der Wissenschaften
Hrsg.	Herausgeber
i.H.v.	in Höhe von
Jg.	Jahrgang
Mio.	Million
MPIfG	Max-Planck-Institut für Gesellschaftsforschung
Mrd.	Milliarde
NJW	Neue juristische Wochenschrift

Nr.	Nummer
NVwz	Neue Zeitschrift für Verwaltungsrecht
o.V.	ohne Verfasser
p.a.	per anno
Rn.	Randnummer
S.	Seite(n)
SS	Sommersemester
Teur	Tausend Euro
u.a.	und andere
u.Ä.	und Ähnliche(s)
USA	Vereinigte Staaten von Amerika
usw.	und so weiter
v.	vom/von
vbw	Vereinigung der Bayerischen Wirtschaft e. V.
z.B.	zum Beispiel
ZEW	Zentrum für Europäische Wirtschaftsforschung

Abbildungsverzeichnis

Tabellenverzeichnis

A. Einführung

Die Erbschaft- und Schenkungsteuer ist in den letzten zwei Jahrzehnten in Deutschland immer wieder Bestandteil politischer und gesellschaftlicher Diskussionen gewesen. Die große wirtschaftliche Bedeutung der Erbschaft- und Schenkungsteuer in Deutschland wird anhand der vom Deutschen Institut für Wirtschaftsforschung (DIW) erhobenen Zahlen deutlich. Es schätzt das Erbschaftsvolumen auf durchschnittlich 260 Mrd. Euro jährlich (Bach u. a. 2014: 38). Befürworter der Erbschaftsteuer argumentieren, dass die Erhebung einer Steuer auf Erbschaften und Schenkungen eine Annäherung der Startchancen für Steuerpflichtige ermöglicht. Ebenfalls bewirkt die Besteuerung Chancengleichheit, weil Erbschaften im Sinne von zusätzlichem Einkommen einer Besteuerung zu unterliegen haben (Brunner/Pech 2010: 2). Gegner sehen in der Entrichtung einer Erbschaft- und Schenkungsteuer jedoch eine „Enteignung" des angehäuften Vermögens. Durch die Weitergabe des Vermögens im Rahmen einer Erbschaft oder Schenkung mindert sich die Höhe des Vermögens um die zu entrichtende Erbschaft- und Schenkungsteuer (Gale/Slemrod 2001: 1 f.). Die geringe Akzeptanz der Erbschaft- und Schenkungsteuer begründet sich weiterhin durch unterschiedliche Bewertungen und Besteuerungen von Vermögensgegenständen. Der Bundesfinanzhof (BFH) zweifelt aktuell die Verfassungsmäßigkeit von steuerlichen Verschonungsregeln im Zuge der Unternehmensnachfolge und Übergabe von Betriebsvermögen an. Konkret ist eine fast vollständig steuerfreie Übertragung von Betriebsvermögen möglich. Privatvermögen müssen dagegen vollständig versteuert werden. Diese bislang bestehende Ungleichbehandlung von Privat- und Betriebsvermögen ist laut BFH nicht vereinbar mit dem allgemeinen Gleichheitsgrundsatz in Art. 3 Abs. 1 GG.

In naher Zukunft wird daher möglicherweise das Erbschaft- und Schenkungsteuergesetz erneut verstärkt in den Fokus der Steuerpolitik rücken. Ein größerer Neuregelungsbedarf könnte sich aus der ausstehenden Entscheidung des Bundesverfassungsgericht (BVerfG) ergeben, die noch dieses Jahr erwartet wird. Die Ausgestaltung einer Erbschaftsteuer bietet viel Platz für zahlreiche Vorschläge und Diskussionsbeiträge. Die Vorschläge reichen von der Abschaffung der Erbschaftsteuer, über ihrer Regionalisierung bis hin zu einer Niedrigsteuer auf Erbschaften (Fichte 2013: 161 f.). Vor der letzten Reformierung der Erbschaftsteuer 2008 hat die FDP den Vorschlag einer Regionalisierung vorgebracht. Eine Regionalisierung bedeutet, die Gesetzgebungshoheit, die bislang beim Bund liegt, auf die Länder zu übertragen. Die Länder bekämen das Recht zugesprochen, eigenständig Erbschaftsteuergesetze erlassen zu dürfen. Sie könnten somit die Höhe der Steuertarife und Freibeträge sowie die Rahmengesetzgebung festlegen. Dieser Lösungsansatz wurde jedoch abgelehnt. Vor dem Hintergrund des ausstehenden Urteils des BVerfG ist erneut zu prüfen, ob eine Regionalisierung der Erbschaftsteuer zu einem beständigen Steuersystem führt (BT-Drs. 2008: 1–3). Die Konzeption einer Niedrigsteuer beinhaltet niedrige Steuersätze auf Basis einer möglichst breiten Bemessungsgrundlage. In der Ausgestaltung ist eine Teilregionalisierung der Freibeträge und Steuersätze zweckmäßig, weshalb dieser Reformvorschlag ebenfalls in dieser Arbeit thematisiert wird (Houben/Maiterth 2009: 14). In der Vergangenheit wurde die Erbschaftsteuer, infolge einer vorausgegangen Entscheidung des BVerfG, bereits mehrfach reformiert. Grund hierfür war in erster Linie die ungleichmäßige Bewertung der unterschiedlichen Vermögensarten (Bach u. a. 2014: 7). Dadurch wird deutlich, dass bislang kein verfassungsrechtlich unbedenkliches und beständiges Erbschaftsteuerrecht etabliert werden konnte. Diese ungleichmäßige Bewertung der unterschiedlichen Vermögensarten wurde durch die letzte Reformierung des Erbschaftsteuergesetzes 2008 fast vollständig gelöst. Gleichzeitig wurden im Zuge dieser Reform allerdings die steuerlichen Begünstigungen für Betriebsvermögen ausgebaut. Die fast vollständige Verschonung des Betriebsvermögens zielt darauf ab, die Unternehmensfortführung durch den Steuerpflichtigen nicht durch eine anfallende Erbschaft- und Schenkungsteuer zu gefährden. Jedoch werden genau diese Vergünstigungen nun als zu weitreichend kritisiert (Wissenschaftlicher Beirat 2011: 7).

Zielsetzung dieser Arbeit ist die Analyse, in wieweit eine Regionalisierung der Erbschaftsteuer – im Hinblick auf das noch ausstehende Urteil des BVerfG – eine sinnvolle Alternative darstellt, um das derzeitig möglicherweise verfassungswidrige Erbschaftsteuerrecht verfassungskonform, beständig und gerecht zu gestalten.

Der Hauptteil dieser Arbeit ist in vier Teile gegliedert. **Kapitel 1** beinhaltet die Grundzüge der Erbschaft- und Schenkungsteuer. Zunächst wird auf die geschichtliche Entwicklung der Erbschaft- und Schenkungsteuer eingegangen, wobei die Vielzahl an Änderungen des Erbschaft- und Schenkungsteuerrechts in der Vergangenheit im Mittelpunkt der Betrachtung steht. Anschließend wird die Erbschaftsteuer definiert und in das deutsche, zurzeit geltende Steuersystem eingeordnet, bevor die aktuelle Rechtslage mit den gesetzlichen Änderungen nach der Erbschaftsteuerreform 2008 dargestellt wird. Dabei wird ein besonderes Augenmerk auf die neuen Steuerklassen, Freibeträge und Steuertarife gelegt. Den Abschluss des ersten Teils bilden die Betrachtung der Erbschaftsteuer im internationalen Vergleich sowie die Betrachtung der Steuerstrukturen der deutschen Bundesländer. Die Einführung in die Steuerstrukturen der Länder dient als Grundlage für das Verständnis der Reformvorschläge einer Regionalisierung bzw. Teilregionalisierung der Erbschaftsteuer in Deutschland.

In **Kapitel 2** wird ein Kriterienkatalog als Maßstab zur Bewertung des gegenwärtigen Erbschaftsteuerrechts herausgearbeitet. Dabei werden Gerechtigkeitskriterien wie das Leistungsfähigkeitsprinzip, der Umverteilungsaspekt und der Vorwurf der Doppelbesteuerung erarbeitet. Zudem werden Effizienzaspekte der Erbschaftsteuer thematisiert. Dieser erarbeitete Kriterienkatalog wird in **Kapitel 3** durch den Vergleich zwischen dem bestehenden Erbrecht in Deutschland und der im Kriterienkatalog identifizierten Maßstäbe analysiert. Außerdem wird der sich aus diesem Vergleich ergebende Reformbedarf des deutschen Erbschaftsteuerrechts dargestellt.

In **Kapitel 4** werden schließlich zwei Lösungskonzepte, die häufig in der Literatur angeführt werden, für eine Reformierung des Erbrechts vorgestellt. Der erste Vorschlag stellt eine vollständige Regionalisierung der Erbschaftsteuer dar, während der zweite Vorschlag eine Teilregionalisierung der Erbschaftsteuer im Rahmen einer Niedrigsteuer beinhaltet. Zum Vergleich wird die regionalisierte Erbschaftsteuer in der Schweiz ergänzend dargestellt. Abschließend werden beide Konzepte kritisch gewürdigt, um die Sinnhaftigkeit und Realisierbarkeit beider Konzepte zu prüfen. Es werden dazu die möglichen Auswirkungen der Umsetzung diskutiert sowie die im Kriterienkatalog festgelegten Maßstäbe angewendet.

Den Abschluss dieser Arbeit bilden ein Vergleich (inklusive einer Bewertung) beider Reformvorschläge sowie ein Fazit, in dem die dieser Arbeit zugrunde gelegte Forschungsfrage beantwortet wird. Weiterhin wird ein Ausblick auf die zukünftige Entwicklung dieser Steuer gegeben.

B. Hauptteil

„Nothing is certain but death and taxes" (Bach u. a. 2007: 6). Nichts ist sicher, außer der Tod und Steuern, heißt es im amerikanischen Volksmund. So verhält es sich auch in Deutschland. Die Erbschaft- und Schenkungsteuer wird in Deutschland auf den Erwerb von Todes wegen nach § 1 Abs. 1 Nr. 1 ErbStG erhoben (Haas/Heil 2012: 1). Ausgangspunkt ist dabei, dass eine natürliche oder juristische Person Eigentümer eines steuerpflichtigen Erwerbs wird (Horschitz 2010: 29). Damit die Steuer nicht umgangen werden kann, umfasst der Steuergegenstand auch Schenkungen nach § 1 Abs. 1 Nr. 2 ErbStG als freigiebige Zuwendung unter Lebenden (Scherf 2011: 387). Wenn in dieser Arbeit von der Erbschaftsteuer gesprochen wird, ist die Schenkungsteuer immer mit inbegriffen (außer diese wird explizit ausgeschlossen).

1. Die Grundzüge der Erbschaft- und Schenkungsteuer

Für die Einführung in die Grundzüge der Erbschaftsteuer werden zunächst der verfassungsrechtliche Rahmen sowie die verschiedenen Ausgestaltungsformen der Erbschaftsteuer dargestellt. Der verfassungsrechtliche Rahmen der Erbschaftsteuer umfasst die Sicherstellung des Erbrechts in Art. 14 GG. Die Sicherstellung des Erbrechts untersagt dem Staat zwar nicht die Besteuerung von Erbschaften, allerdings werden dem Staat durch die Vorschiften des Art. 14 GG Grenzen für den steuerlichen Zugriff auf Erbschaften gesetzt. Beispielsweise wären extrem hohe Steuersätze nicht mit dem Erbrechtschutz des Grundgesetzes vereinbar, wenn sie vorrangig das Glätten von Vermögensunterschieden zwischen den Steuerpflichtigen beabsichtigen. Der Grundgedanke einer Erbschaft beruht darauf, eine Vorsorgeentscheidung für die künftige Generation zu treffen. Hohe Steuersätze hätten zur Folge, dass der Erbe einen überwiegenden Teil der Erbschaft in Form von Steuern an den Staat abzuführen hat und der Sinn einer Erbschaft verloren geht (Schelle 1971: 181). Durch die Vorschriften des Art. 14 GG, die dem Staat Handlungsgrenzen in Bezug auf die Besteuerung von Erbschaften auferlegen, wird der wesentliche Grundgedanke der Erbschaft gesichert und dem Staat eine maßvolle Ausgestaltung der Erbschaftsteuer aufgetragen (Hey/Maithert/Houben 2012: 42 f.).

Für die Ausgestaltung der Erbschaftsteuer können zwei verschiedene Konzepte herangezogen werden. Zum einen kann sie als eine Erbnachlasssteuer und zum anderen als eine Erbanfallsteuer erhoben werden. Die Erbnachlasssteuer besteuert den gesamten Nachlass, also alle materiellen und immateriellen Vermögensgegenstände des Erblassers

(Scherf 2011: 387). Diese Erhebungsform sieht die Übertragung des Vermögens im Rahmen einer Erbschaft als Konsum an, bei dem es sich um die letzte Mittelverwendung handelt (Kraft/Kraft 2014: 251). Bei diesem Besteuerungsverfahren ist die Anzahl der Erben und das Verwandtschaftsverhältnis der Erben zum Erblasser irrelevant. Der Zweck der Erbnachlasssteuer ist es, die Schwächen und Unzugänglichkeiten des Steuersystems nachträglich zu berichtigen. Dazu zählen die bislang nicht erfassten Einkommensteile, Wertzuwächse sowie Hinterziehungen. Diese sind abschließend der Besteuerung zu unterziehen (Scherf 2011: 387). Eine Nachlasssteuer passt sich damit gut in ein konsumorientiertes Steuersystem ein (Kraft/Kraft 2014: 251). Die Erbnachlasssteuer wird primär im angelsächsischen Raum – etwa in Großbritannien oder in den USA – angewendet (Tipke 1993: 752). In anderen Ländern wird die Erbschaftsteuer überwiegend als Erbanfallsteuer erhoben. Diese knüpft an den tatsächlichen Erwerb an, der dem Erben oder Beschenkten zufließt. Das Besteuerungssystem erfasst den Erwerb des Begünstigten nach dessen subjektiven Verhältnissen. Dies wirkt sich durch eine Berücksichtigung des Verwandtschaftsverhältnisses zum Erblasser in Form von Freibeträgen oder einem niedrigeren Steuertarif positiv auf die Berechnung der zu zahlenden Erbschaftsteuer aus (Scherf 2011: 387).

Eine Erbschaft oder Schenkung erfolgt meist mit dem Ziel, nahestehenden Personen eine Zuwendung zukommen zu lassen. Zu den Steuerpflichtigen können beispielsweise das eigene Kind bzw. die Kinder, aber auch der Ehe- oder Lebenspartner, Enkel oder enge Freunde gehören. Das Interesse, den Staat durch Erbschaftsteuerzahlungen zu bereichern, ist in der Gesellschaft nur gering vorhanden. Primär möchte der Erblasser oder der Schenker sein Vermögen ohne Besteuerungen an den Erben oder Beschenkten weitergeben, weil eine Besteuerung zu einer Schmälerung des vererbten Vermögens führt. Der Gesetzgeber verfolgt demgegenüber das Ziel, den Vermögenszuwachs mithilfe der Erbschaftsteuer, der durch einen Erbfall oder eine Schenkung entsteht, jeweils wertmäßig zu erfassen und die damit steigende wirtschaftliche Leistungsfähigkeit des Erben oder Beschenkten zu besteuern (Brüggemann/Stirnberg 2012: 20; Bruns 2014: 192).

Im Folgenden wird zunächst die geschichtliche Entwicklung der Erbschaftsteuer mit Hinblick auf die Vielzahl an gesetzlichen Änderungen dargestellt. Ferner wird die Erbschaftsteuer definiert und in das Steuersystem eingeordnet. Anschließend wird aktuelle Rechtslage mit ihrer inhaltlichen Ausgestaltung nach der letzten Erbschaftsteuerreform 2008 thematisiert. Schließlich beinhaltet das erste Kapitel die

Betrachtung der Erbschaftsteuer im internationalen Vergleich sowie die Betrachtung der Steuerstrukturen der deutschen Bundesländer.

a. Die deutsche Erbschaftsteuer

Die Erbschaftsteuer zählt zu einer der ältesten bekannten Steuern, die schon im Römischen Kaiserreich und im alten Ägypten erhoben wurde (Gebel 2013: Rn. 60 ff.). Die Erbschaftsteuer wird im Falle des Todes einer Person, des sogenannten Erblassers, entweder auf den Nachlass oder beim Erben erhoben. Eine Erbschaft umfasst prinzipiell alle unentgeltlichen Vermögensübergänge unter Lebenden und von Todes wegen (Kraft/Kraft 2014: 251).

In Deutschland wurde die Erbschaftsteuer erstmals im 17. Jahrhundert von einigen Ländern (Braunschweig, Lüneburg und Hamburg) erhoben (Gebel 2013: Rn. 60 ff.). Bereits Ende des 19. Jahrhunderts wurde die Erbschaftsteuer in fast[1] allen europäischen Staaten und deutschen Ländern vereinnahmt. Mit der Einführung des Bürgerlichen Gesetzbuches wurde das Erbrecht 1906 mit einer progressiven Erbanfallsteuer im Reichserbschaftsgesetz erstmals vereinheitlicht (Reichserbschaftsteuergesetz 1906: 654 ff.). Seitdem existiert die Erbschaftsteuer in Deutschland auf föderaler Ebene (Beckert 2007: 3). Wie dargestellt reichen die Ursprünge der Erhebung einer Erbschaftsteuer weit zurück in die Vergangenheit, wobei diese weit zurückreichende Historie keine Gewährleistung für die Akzeptanz einer Besteuerung von Erbschaften in der Gesellschaft darstellt (Geck 2007: 263). Vielmehr zeigt sich bei genauerer Betrachtung der Historie der Erbschaftsteuer, dass die gesetzlichen Regelungen der Erbschaftsteuer oftmals nicht von Dauer waren. Beispielsweise wurde die Erbschaftsteuer aufgrund wiederkehrender Verstöße gegen den allgemeinen Gleichheitssatz des Grundgesetzes (Art. 3 Abs. 1 GG) bereits zwei Mal[2] vom BVerfG für verfassungswidrig erklärt.

Im Laufe der Zeit wurde das Erbschaftsteuergesetz daher immer wieder reformiert. Ein Beispiel für den Wandel, den das Erbschaftsteuergesetz durchlaufen hat, ist die Veränderung im zu veranlagenden Personenkreis. 1919 wurden mit einer allgemeinen Erbschaftsteuer erstmalig Ehegatten und Kinder zur Erbschaftsteuer veranlagt (Reichserbschaftsteuergesetz 1919: 1543 ff.). Circa. 16 Jahre später wurden die Steuerpflichtigen in verschiedene Steuerklassen unterteilt und die Nachlasssteuer wurde

---

1 Bis auf wenige Ausnahmen.
2 1995 und 2006. Details folgen in diesem Kapitel.

abgeschafft, die den gesamten Nachlass des Erblassers ohne die Berücksichtigung von Verwandtschaftsverhältnissen oder der Anzahl der Erben besteuerte (Hey 2007: 2; Scherf 2011: 387). 1995 wurde die Erbschaftsteuer erstmalig vom BVerfG, aufgrund unterschiedlicher Bewertungen einzelner Vermögensarten für verfassungswidrig erklärt (BVerfG 1995: 671; Hey 2007: 2). Seither ist die Erbschaftsteuer immer wieder Bestandteil zahlreicher Debatten. Auch die erforderliche Reform von 1996 wurde im Jahr 2002 vom BFH angezweifelt. Hauptaugenmerk des BFH war dabei ein Einzelfall, der die Frage nach der Verfassungsmäßigkeit der Erbschaftsteuer erneut aufwarf. In diesem Fall unterlagen das Betriebsvermögen und der Grundbesitz im Vergleich zu Kapitalvermögen anderen Bewertungsmaßstäben. 2006 entschied das BVerfG, dass das bis dato angewendete Erbschaftsteuergesetz gegen den Gleichheitsgrundsatz in Art. 3 Abs. 1 GG verstößt (Lindgens 2013: 32). Die letzte Reformierung des Erbschaftsteuergesetzes fand im Jahre 2008 statt und trat am 1.1.2009 in Kraft und ist bis heute rechtskräftig (Halaczinsky/Riedel 2009: 15–17; Lindgens 2013: 32).

Die in Deutschland seit 2009 anzuwendende Erbschaftsteuer ist als eine Erbanfallsteuer ausgestaltet. Die Erbschaftsteuer entfällt auf den tatsächlichen Erwerb, der dem Erben oder Beschenkten unter Berücksichtigung der persönlichen Verhältnisse zufließt. Die aktuelle Erbschaftsteuer in Deutschland zählt zudem zu den Verkehrssteuern, weil es sich um einen Vermögensübergang auf den Erben oder Beschenkten handelt (Kraft/Kraft 2014: 251). Andererseits kann sie auch als eine Substanzsteuer charakterisiert werden, weil das zum Zeitpunkt der Übertragung vorhandene Vermögen besteuert wird (Haas/Heil 2012: 1). Ferner wird die Erbschaftsteuer der Personensteuer zugeordnet, aufgrund der Berücksichtigung der individuellen Lebensverhältnisse des Steuerpflichtigen bei der Höhe der Besteuerung, wie beispielsweise die Ausgestaltung der Bemessungsgrundlage sowie der Steuertarif. Der Steuerschuldner hat die Steuer gleichzeitig auch wirtschaftlich zu tragen (Steuerträger), daher zählt die Erbschaftsteuer ebenfalls zu den direkten Steuern. Sie entsteht nur bei bestimmten Vermögensübergängen und wird deshalb nicht laufend veranlagt. Die steuerliche Veranlagung von Erbschaften und Schenkungen basiert auf der Grundlage der Reinvermögenszugangstheorie. Danach werden Erbschaften und Schenkungen zum Einkommen hinzugerechnet und als maximaler Konsum einer Periode ohne Vermögenseinbußen definiert und sind deshalb zu besteuern (Icking 1993: 11 ff.). Die Erbschaftsteuer in Deutschland wird zentralisiert vom Bund geregelt. Das bedeutet, dass der Bund die Gesetzgebungshoheit besitzt und das Erbschaftsteuerrecht nur von ihm erlassen bzw. geändert werden kann. Im Falle der

Gesetzesänderung haben Bundestag und Bundesrat zusammen zu wirken (Horschitz 2010: 29; Beeck 2012: 101). Die Ertrags- und Verwaltungshoheit für die Erbschaftsteuer dagegen besitzen die Länder. Ihnen steht das Aufkommen aus der Erbschaftsteuer zu (Fuest/Thöne 2012: 266). Sie wird in den Ländern von den Finanzämtern erhoben und von den Landesfinanzbehörden verwaltet (Horschitz 2010: 29; Beeck 2012: 101).[3] Im Rahmen einer dezentral geregelten Erbschaftsteuer (Regionalisierung) besitzen die Länder die Gesetz- und Ertragshoheit. Diese Ausgestaltungsform der Erbschaftsteuer praktiziert gegenwärtig z. B. die Schweiz (ESTV 2013: 1 f.).[4]

Das aktuelle Erbrecht wird in Deutschland durch die verfassungsrechtliche Maßgabe geprägt, dass alle Vermögensarten zu Marktpreisen zu bewerten sind. Diese Bewertung des Vermögens hat sich an dem gemeinen Wert zu orientieren. Der gemeine Wert wird definiert als Preis, der im gewöhnlichen Geschäftsverkehr bei einem Verkauf erzielt werden könnte. Falls der aktuelle Preis für einen Vermögensgegenstand nicht bekannt ist, erfolgt die Ermittlung durch ein geeignetes Bewertungsverfahren (Fichte 2013: 151 f.). Die letzte Reform der Erbschaftsteuer hatte zur Folge, dass Grund- und Betriebsvermögen mit höheren Wertansätzen bewertet werden. Außerdem wurde die sogenannte Arbeitsplatzklausel eingeführt, nach der Betriebsvermögen zu 85 % steuerfrei vererbt werden kann. Das primäre Lenkungsziel des geltenden Erbrechts ist die Erhaltung der Arbeitsplätze und die Existenz vererbter oder verschenkter Unternehmen zu sichern. Die Klausel greift aber nur, wenn folgende Voraussetzungen erfüllt sind: Der Betrieb muss zum einen mehr als 20 Mitarbeiter beschäftigen. Weiter muss der Erbe oder der Beschenkte den Betrieb mindestens fünf Jahre lang bzw. sieben Jahre lang, wenn er die volle Steuerbefreiung erhalten möchte, weiterführen sowie die Arbeitsplätze erhalten (Lindgens 2013: 32; Fichte 2013: 147 f.). Nur bei der Erfüllung aller Voraussetzungen bleibt der Wert des vererbten Vermögens in Höhe eines Verschonungsabschlags von 85 % bzw. 100 % steuerfrei (BFH 2012: 902). In dieser Zeit darf weder der Betrieb aufgegeben werden, ein Verkauf wesentlicher Betriebsbestandteile stattfinden noch der Verkauf ohne Reinvestition des Verkaufserlöses erfolgen (Lindgens 2013: 32). Diese Arbeitsplatzklausel steht heute jedoch in der Kritik. Der Bundesfinanzhof hat wiederholt Bedenken bezüglich der Verfassungsmäßigkeit des aktuell geltenden Erbschaftsteuergesetzes geäußert. Seine Zweifel hat er in Form eines Vorlagebeschlusses vom 27. September 2012 dem BVerfG zur Prüfung vorgelegt. Die Inhalte dieses

---

[3] Eine detaillierte Beschreibung der Steuerstrukturen in Deutschland erfolgt in Kapitel 1b.

[4] In Kapitel 4 wird die Erbschaftsteuer der Schweiz näher beleuchtet.

Vorlagebeschlusses werden in Kapitel 3 inhaltlich vorgestellt. Der Gesetzgeber reagierte bisher auf den Vorlagebeschluss lediglich mit einem Amtshilferichtlinien-Umsetzungsgesetz (AmtshilfeRLUmsG) vom 29. September 2013 (AmtshilfeRLUmsG 2013: 1809 ff.). Das AmtshilfeRLUmsG enthält Änderungen zur Ermittlung der bereits bestehenden Verwaltungsvermögensquote. Zum einen fallen gemäß der neuen Richtlinie nun Zahlungsmittel, Geschäftsguthaben, Geld- und andere Forderungen unter den Begriff des Verwaltungsvermögens. Zum anderen darf für die Inanspruchnahme der Steuervergünstigungen von 85 % das Verwaltungsvermögen höher als 50 % des Betriebsvermögens sein. Für die vollständige Steuerbefreiung darf das Verwaltungsvermögen nicht größer als 10 % sein (§ 13b Abs. 2 Satz 2 Nr. 4a Satz 1 ErbStG). Bedingung ist jedoch, dass die Schulden das Verwaltungsvermögen nicht übersteigen und sich das Verwaltungsvermögen auf mindestens 20 % des Unternehmenswerts beläuft. Durch die Änderungen des AmtshilfeRLUmsG wurde zudem das Schlupfloch für Cash-Gesellschaften geschlossen. Gesellschafter von Cash-Gesellschaften können nicht mehr von den Steuervorteilen für Unternehmensvermögen profitieren. Unter Cash-Gesellschaften werden Gesellschaften verstanden, deren Vermögen allein aus Barvermögen bestehen. Somit besitzen sie kein Betriebsvermögen, welches die Änderung aber zu mindestens 50 % für die Inanspruchnahme der Begünstigungen voraussetzt. Auch die Steuervorteile für mittelständische Unternehmen, die einen erhöhten Forderungs- oder Barvermögenbestand (Cash-Bestand) aufwiesen, wurden durch das Amtshilferichtlinien-Umsetzungsgesetz aufgehoben (Immes/Weith 2014: 19–20). Weiterhin wurden mithilfe des AmtshilfeRLUmsG die Anforderungen für die Inanspruchnahme einer steuerlichen Privilegierung des Betriebsvermögens verschärft. Eine Beseitigung der Ungleichbehandlung von Privatvermögen und Betriebsvermögen ist allerdings bisher noch nicht erfolgt. Der Vorlagebeschluss, den der BFH dem BVerfG zur Prüfung vorgelegt hat, verspricht jedoch eine baldige verfassungsrechtliche Prüfung des aktuell geltenden Erbschaftsteuerrechts, sodass der Gesetzgeber zu einer weitreichenden Reformierung gezwungen ist (Riedel 2014: 11).

Im Zuge der letzten Reformierung 2008 wurden weiterhin die Freibeträge in allen Steuerklassen angehoben. Die Erhöhung des Freibetrags in der Steuerklasse I für Enkel ist im Vergleich zu Großeltern stärker angestiegen. Zwischen der Steuerklasse II und III werden ab 2009 keine Unterschiede mehr gemacht. Es erhalten beide Klassen einen Freibetrag i. H. v. 20.000 Euro. Die zusätzlich zum Freibetrag gewährten Versorgungsfreibeträge sind auch nach der Reform gleich geblieben. Für Ehegatten beträgt der Versorgungsfreibetrag 256.000 Euro. Der Versorgungsbeitrag für Kinder ist nach dem Alter klassifiziert und kann zwischen 10.300 und 52.000 Euro betragen. Die beschriebenen Freibeträge werden in der folgenden Tabelle 1 nochmals überblicksartig dargestellt.

Tabelle 1:   **Persönliche Freibeträge im alten und aktuellen Erbschaftsteuerrecht**

Steuerklasse	Verwandschaftsgrad	Persönlicher Freibetrag (bis 31.12.2008)	Persönlicher Freibetrag (ab 1.1.2009)
I	Ehegatten	307.000 €	500.000 €
	Kinder	205.000 €	400.000 €
	Enkel	51.200 €	200.000 €
	Großeltern	51.200 €	100.000 €
II	Geschwister, Nichten, Neffen, Schwiegereltern u.a.	10.300 €	20.000 €
III	alle übrigen	5.200 €	20.000 €

Quelle: § 16 ErbStG.

Der Erbschaftsteuertarif ist gleichbleibend als doppelte Progression ausgestaltet. Für enge Familienangehörige ist der Steuertarif am geringsten. Je weiter das Verwandtschaftsverhältnis auseinanderliegt, desto höher steigt der Erbschaftsteuertarif an. Diese sogenannte Verwandschaftsprogression wird in die Steuerklassen I, II und III unterteilt. Für die einzelnen Steuerklassen gilt somit, dass mit einem steigenden Erbe auch der Steuersatz steigt. Die Steuersätze in der Steuerklasse I bleiben nach der Reform unverändert (Fichte 2013: 149 ff.). Im Zuge des Wachstumsbeschleunigungsgesetzes wurden die Steuersätze der Steuerklasse II auf 15 bis 43 % gesenkt, weil sie im Vergleich zu fremden Dritten als für zu hoch erklärt wurden (Klümpen-Neusel 2010: 97). Die Tabelle 2 zeigt eine Gegenüberstellung der Erbschaftsteuertarife im alten und geltenden Erbschaftsteuerrecht, unterteilt in die drei Steuerklassen.

Tabelle 2: **Erbschaftsteuertarif im alten und aktuellen Erbschaftsteuerrecht**

Wert des steuerpflichtigen Erwerbs bis einschließlich ... Euro	bis 2008 Prozentsatz in der Steuerklasse			Wert des steuerpflichtigen Erwerbs bis einschließlich ... Euro	ab 2010 Prozentsatz in der Steuerklasse		
	I	II	III		I	II	III
52.000	7	12	17	75.000	7	15	30
256.000	11	17	23	300.000	11	20	30
512.000	15	22	29	600.000	15	25	30
5.113.000	19	27	35	6.000.000	19	30	30
12.783.000	23	32	41	13.000.000	23	35	50
25.565.000	27	37	47	26.000.000	27	40	50
über 25.565.000	30	40	50	über 26.000.000	30	43	50

Quelle: § 19 ErbStG.

Auch der bisherige Stufendurchschnittstarif bleibt unverändert. Dementsprechend wird beim Überschreiten einer Wertgrenze nicht nur der darüber liegende Teil höher besteuert, sondern die gesamte Bemessungsgrundlage wird mit dem höheren Steuersatz besteuert. Folglich kommt es in diesem Überschreitungsbereich zu einem scharfen Anstieg der (Grenz-)Steuerlast (Fichte 2013: 149 ff.).

Das Erbschaftsteueraufkommen ist in Deutschland mit 4.633 Mrd. Euro (2013) sehr gering. In anderen europäischen Staaten verhält es sich mit dem Aufkommen ähnlich. Dennoch erheben viele europäische Staaten eine Erbschaftsteuer. Das Aufkommen der Erbschaftsteuer in Deutschland lag im Jahr 2013 bei lediglich 0,75 % in Relation zum Gesamtsteueraufkommen (Statistisches Bundesamt 2014c). Eine Betrachtung der Erbschaftsteuer in anderen Ländern zeigt, dass Staaten wie Portugal, Österreich und Schweden die Erbschaftsteuerin den letzten Jahren abgeschafft haben. Grund für das Abschaffen der Erbschaftsteuer in diesen Ländern war primär das geringe Steueraufkommen. Andere Staaten, wie beispielsweise Estland, Lettland oder Zypern, haben bislang noch keine Erbschaftsteuer erhoben (Schulte 2010: 260).

Ein internationaler Vergleich der Belastung von Vermögensübertragungen durch die Erbschaftsteuer ist zunächst schwierig. Das Bundesministerium der Finanzen (BMF) hat eine Studie zu diesem Thema in Auftrag gegeben. Diese Studie vom Zentrum für Europäische Wirtschaftsforschung (ZEW) aus dem Jahr 2004 untersuchte die Steuerbelastung von Erbschaften und Schenkungen in Deutschland im Vergleich mit anderen Staaten.[5] Ziel der Untersuchung war es, einen quantitativen

---

[5] Es wurden 15 Staaten untersucht.

Steuerbelastungsvergleich aufzustellen. Die Autoren stellten in ihrer Studie fest, dass die Ausgestaltungen der Erbschaftsteuer in Europa bezüglich der steuerlichen Bemessungsgrundlage, des Steuertarifs und der Bewertung des vererbten Vermögens im Betrachtungszeitraum sehr unterschiedlich waren. International ließ sich daher kein einheitliches Muster feststellen. Um einen quantitativen Steuerbelastungsvergleich aufstellen zu können, ist es notwendig, die effektive Erbschaftsteuerbelastung ermitteln zu können. Hierfür muss das Zusammenwirken der Einflussfaktoren Bemessungsgrundlage, Steuertarif und Bewertung des vererbten Vermögens untersucht werden. Diese Einflussfaktoren können im Einzelfall unterschiedliche Gewichte aufweisen. Diese resultieren daraus, dass sich die Einflussfaktoren auch gegenseitig beeinflussen können. Diese Wechselwirkungen zwischen den Einflussfaktoren sind entsprechend bei der Gewichtung der Einflussfaktoren zur Bestimmung der effektiven Erbschaftsteuerbelastungen zu berücksichtigen. Da die Gewichte der einzelnen Einflussfaktoren dementsprechend für jedes der betrachteten Länder unterschiedlich ausfallen können, ist es schwierig, eine allgemeingültige Aussage über die Unterschiede der Erbschaftsteuerbelastung und damit zur Position Deutschlands im internationalen Vergleich zu treffen. In Bezug auf die Ausgestaltung der gesetzlichen Regelungen weist Deutschland im Vergleich zu den anderen Staaten ähnliche Regelungen auf. Im internationalen Vergleich nimmt Deutschland aufgrund steuerlich vorteilhaften Bewertungsvorschriften, Steuervergünstigungen sowie hohe Freibeträge für Ehegatten und für Kinder international eine gute Position ein. Die aus der progressiven Gestaltung des Steuertarifs resultierenden hohen Steuertarife bei der Übertragung großer Vermögen verschlechtern allerdings die Position von Deutschland im Ländervergleich (Scheffler/Spengel 2004: 973–974). Abschließend ist zu sagen, dass aufgrund der verschiedenen Ausgestaltungen der Erbschaftsteuer ein internationaler Vergleich kaum möglich ist. Das mit der Erbschaftsteuer generierte Aufkommen ist in allen betrachteten Staaten überwiegend gering. In der Vergangenheit haben daher viele europäische Länder die Erbschaftsteuer abgeschafft, weil sie erkannt haben, dass die mit den Einnahmen verbundenen Kosten kaum gerechtfertigt werden können.

b. Die Steuerstruktur der Länder

Deutschland ist ein föderativer Staat, was bedeutet, dass es aus kleineren Einheiten wie Bund, Ländern und Gemeinden besteht. Voraussetzung eines föderativen Staates ist die hinreichende Finanzautonomie und Finanzausstattung der verschiedenen Ebenen. Sie sollen daher ausreichend Eigenverantwortlichkeit besitzen und unabhängig sein. Das Funktionieren einer bundesstaatlichen Ordnung ist ebenfalls abhängig von der Ausgestaltung der Finanzverfassung und des Finanzausgleichs (Brümmerhoff 2011: 704–723; Scherf 2011: 453). Gemäß BVerfG müssen Bund und Länder hinsichtlich der verfügbaren Gesamteinnahmen fähig sein, für die Wahrnehmung ihrer Aufgaben die entsprechenden Ausgaben tätigen zu können (BVerfG 1980: 329).

Die Theorie des Föderalismus richtet sich nach dem Subsidiaritätsprinzip. Dieses besagt, dass nach Möglichkeit die unterste und dezentralste Ebene für die Aufgabenerfüllung zuständig sein soll. Für den Fall, dass diese Ebene ihren Aufgaben nicht mehr nachkommen kann, muss die nächsthöhere und zentralere Ebene die Aufgaben erfüllen. Ferner gilt das Prinzip der Konnexität gemäß Art. 104a Abs. 1 GG. Demnach steht es Bund und Ländern frei, darüber zu entscheiden, wie und mit welcher Intensität sie ihre Aufgaben erfüllen. Die damit verbundenen Kosten müssen sie allerdings selbst tragen. Das heißt, dass diejenige Gebietskörperschaft für die Ausgaben aufkommen muss, die die zugrunde liegenden Aufgaben erfüllt (Brümmerhoff 2011: 705).

Der Grundsatz der Länderzuständigkeit gemäß Art. 30 GG regelt die Verteilung der Aufgaben zwischen den Gebietskörperschaften. Soweit das Grundgesetz es nicht anders bestimmt, sind die Ausübung staatlicher Befugnisse, die Erfüllung staatlicher Aufgaben und die Ausführung der Bundesgesetze Ländersache (BMF 2013: 7 ff.; Härtel 2012: 544). Die Finanzierung dieser Aufgaben und der politische Gestaltungsspielraum der Gebietskörperschaften sind abhängig von ihrer finanziellen Ausstattung. Daher ist es für Bund und Länder wichtig, wie das Steueraufkommen verteilt wird. Bezüglich der Erbschaftsteuer regelt Art. 106 GG, dass das daraus resultierende Steueraufkommen den Ländern zusteht (Andel 1998: 519). Das höchste Aufkommen aus der Erbschaftsteuer erzielen Bundesländer mit einer hohen Einwohnerzahl. Dazu zählen Nordrhein-Westfalen, Bayern und Baden-Württemberg. Allein diese drei Bundesländer erhalten 60 % der Gesamteinnahmen aus der Erbschaftsteuer. Grund hierfür ist zum einen, dass in diesen drei Bundesländern die Hälfte der deutschen Bevölkerung wohnt und zum anderen, dass in diesen Regionen viele Familienbetriebe ansässig sind (Funk 2008: 4).

Der Vergleich von Aufkommens- und Bevölkerungsanteilen zeigt, dass auch das Pro-Kopf-Aufkommen in diesen drei Bundesländern überdurchschnittlich hoch ist. Allerdings liegen beim Pro-Kopf-Aufkommen Hamburg, Berlin und Bremen an den ersten Stellen. Der Bundesdurchschnitt liegt im Jahr 2013 bei 57 Euro pro Kopf. Werden nur die neuen Bundesländer betrachtet, fällt auf, dass der Durchschnitt mit lediglich 6,20 Euro sehr gering ist. Zu den aufkommensschwachen Ländern gehören somit vor allem die neuen Bundesländer: Sachsen, Brandenburg, Sachsen-Anhalt, Thüringen und Mecklenburg-Vorpommern. Das Aufkommen der aufkommensschwächsten Länder entspricht zusammen 1,7 % des Gesamtaufkommens aller Bundesländer. Grund hierfür ist das geringe Vermögen, das in den neuen Bundesländern vorhanden ist. Insgesamt fällt auf, dass die Erbschaftsteuer fast nur in Westdeutschland anfällt. Der Anteil in Ostdeutschland ist dagegen nur geringfügig. Das Beschriebene wird in der folgenden Tabelle 3 zusammenfassend dargestellt.

Tabelle 3:   **Erbschaftsteueraufkommen nach Ländern 2013**

	ErbSt-Aufkommen in (TEuro)	Prozentualer Anteil am Gesamtaufkommen (in %)	Aufkommen aus Ländersteuern Gesamt (in Teuro)	Einwohnerzahl	Pro-Kopf-Aufkommen
Nordrhein-Westfalen	1.113.173	24,03	3.455.682	17.571.860	63
Bayern	1.077.551	23,26	2.418.558	12.604.240	85
Baden-Württemberg	797.095	17,20	2.418.558	10.631.280	75
Hessen	437.136	9,44	1.269.807	6.016.481	73
Niedersachsen	319.259	6,89	1.178.739	7.790.560	41
Rheinland-Pfalz	214.888	4,64	791.318	3.994.370	54
Berlin	201.605	4,35	1.027.761	3.421.830	59
Hamburg	171.209	3,70	604.098	1.746.340	98
Schleswig-Holstein	150.566	3,25	597.554	2.815.960	53
Saarland	40.288	0,87	159.706	990.720	41
Bremen	32.194	0,69	128.516	657.390	49
Sachsen	26.978	0,58	372.823	4.046.390	7
Brandenburg	17.554	0,38	257.419	2.449.190	7
Sachsen-Anhalt	12.766	0,28	191.690	2.244.580	6
Thüringen	11.536	0,25	189.046	2.160.840	5
Mecklenburg-Vorpommern	9.238	0,20	194.877	1.596.510	6
Gesamt	4.633.036	100,00	15.256.152	80.738.541	57

Quelle: Eigene Darstellung in Anlehnung an BMF (2014); Statistische Ämter des Bundes und der Länder (2014).

Die Gesetzgebungskompetenzen für die Zuordnung der öffentlichen Aufgaben auf die Gebietskörperschaften werden durch die Verfassung bestimmt. In Art. 70 Abs. 1 GG werden, sofern das Grundgesetz dem Bund nicht die Gesetzkompetenz zuspricht, die

Gesetzgebungskompetenzen den Ländern zugeordnet (Härtel 2012: 544). Allerdings liegen die Gesetzgebungskompetenzen fast vollständig beim Bund, weil in Art. 71 ff. GG die Zuständigkeit vorwiegend auf den Bund übertragen wird (Seiler 2013: 1234). Die konkurrierende Gesetzgebung, die in Art. 74 GG geregelt ist, gestattet es dem Bund, von seiner Gesetzgebungskompetenz Gebrauch zu machen. Die Gesetze, die der Bund erlässt, treten dann vor die von den Ländern erlassenen Gesetze (Hüther/Hafemann 2012: 351). Demzufolge ist es möglich, dass eine Gebietskörperschaft per Gesetzesbeschluss eine Steuerart zwar gestalten kann, aber die Steuereinnahmen ihr entweder nicht zufließen oder sie die Höhe der Steuereinnahmen nicht beeinflussen kann. Dazu gibt es drei grundlegende Systeme, die die Verteilung der Einnahmen unter den Gebietskörperschaften bzw. die Zuordnung von Ertrags- und Gesetzgebungshoheit regeln: Trennsysteme, Zuweisungssysteme und Zuschlags- bzw. Verbundsysteme.

Die Zuordnung der Ertrags- und Gesetzgebungshoheit bei der Erbschaftsteuer richtet sich nach dem Trennsystem. Charakteristisch für Trennsysteme ist ein hoher Grad an Steuerautonomie. Hierbei kann zwischen freien und gebundenen Trennsystemen unterschieden werden. Freie Trennsysteme erlauben es einer Gebietskörperschaft, die Art und Höhe der Steuern eigenständig festzulegen, während gebundene Trennsysteme hingegen ein geringeres Maß an Steuerautonomie aufweisen. Die gebundenen Trennsysteme können weiterhin in drei verschieden ausgestaltete Systeme unterschieden werden. Diese sind Systeme mit festgelegter Steuerart, Systeme mit fixierter Steuerart, Bemessungsgrundlage und Durchführungsregeln sowie Systeme, in denen der Gebietskörperschaft nur das Aufkommen aus der Steuer zusteht. Im Falle der Erbschaftsteuer richtet sich die Verteilung der Ertrags- und Gesetzgebungshoheit nach dem gebundenen Trennsystem, bei dem alles vorgegeben ist und den Ländern lediglich das Aufkommen aus der Steuer zufließt (Scherf 2011: 461–462). Folglich wird den Bundesländern im Rahmen der Erbschaftsteuer lediglich die Ertragshoheit zugesprochen. Die Gesetzgebungshoheit und die Ausgestaltung der Erbschaftsteuer werden zentral geregelt und obliegen dem Bund. Somit besitzen die Länder für die Erbschaftsteuer keine Steuerautonomie (Fuest/Thöne 2012: 266).

Für die Einführung in die Steuerstruktur der Länder ist die *Anreizproblematik*, die durch den Länderfinanzausgleich entsteht, relevant. Im Folgenden werden dazu die Auswirkungen des Länderfinanzausgleichs auf die Anreize für die Finanzpolitik der Länder betrachtet. Der Prozess des Länderfinanzausgleichs kann in vier Stufen unterteilt werden. Zunächst werden die Steuererträge auf die Gebietskörperschaften und weiter die

Gesamt-Steuereinnahmen der Länder auf die einzelnen Länder verteilt. Im nächsten Schritt müssen Länder mit einer überdurchschnittlichen Finanzkraft,[6] gemessen am Länderdurchschnitt, einen Teil ihrer Steuereinnahmen an die finanzschwachen Länder abgeben (Fuest/Thöne 2009: 25). Anschließend erfolgt über die Bundesergänzungszuweisungen eine Erhöhung des Niveaus durch Zuweisung finanzieller Mittel vom Bund an die Länder (Schick 2004: 230–231). Die Verteilung der Steuereinnahmen zwischen Bund und Ländern und auch unter den Ländern wird häufig als undurchschaubar, ungerecht und ineffizient beurteilt. Das System des föderalen Finanzausgleichs wird vor allem als komplex eingestuft, weil die Einnahmen der Länder intransparent sind. Demnach ist es für Bürger nicht erkennbar, welche Einnahmen das Land aus eigener Kraft generiert, welcher Teil der Einnahmen im Rahmen des Länderfinanzausgleichs an andere Länder abfließt oder was es von anderen Ländern erhält. Weiterhin wird der Länderfinanzausgleich sowohl von finanzstarken als auch von finanzschwachen Ländern als ungerecht kritisiert. Finanzschwache Länder fühlen sich durch Faktoren benachteiligt, die sie nicht mithilfe der Landespolitik beeinflussen können – wie beispielsweise eine hohe Staatsverschuldung, die aufgrund der vorherigen Regierungen entstanden ist (Fuest/Thöne 2009: 20–22). Es fehlt den finanzschwachen Bundesländern aber auch an Anreizen, ihre bisherigen Steuerquellen weiter auszubauen, weil sie bei zu niedrigem Steueraufkommen Anspruch auf Hilfe aus dem Länderfinanzausgleich haben. Mit einem Ausbau ihrer eigenen Steuerquellen müssen sie die damit entstehenden Kosten selbst tragen und hätten einen geringeren Anspruch an den Ausgleich (Fuest/Thöne 2012: 271–291). Aber nicht nur finanzschwache Länder empfinden den Länderfinanzausgleich als unfair. Auch finanzstarke Länder wie Bayern oder Baden-Württemberg fühlen sich benachteiligt. Sie zahlen in den horizontalen Finanzausgleich ein und müssen die Mehreinnahmen, die sie beispielsweise durch zusätzliche Gewerbeansiedlungen im Bundesland erwirtschaften, an die finanzschwachen Länder abgeben. Aus ökonomischer Sicht ist aber vor allem die Anreizproblematik der Länder von Bedeutung. Im Rahmen des Finanzausgleichs wird das Steueraufkommen unter den Ländern so verteilt, dass sich letztlich die finanziellen Mittel ausgleichen. Dies hat zur Folge, dass es den Ländern an Anreizen fehlt, das lokale Steueraufkommen zu steigern. Denn mit zusätzlichem Steueraufkommen steigen die Einzahlungen in das Finanzausgleichssystem und verringern die Ansprüche an den

---

[6] Steueraufkommen pro Kopf.

Ausgleich (Fuest/Thöne 2009: 20-22). Paradoxerweise kann durch den Einsatz von Ressourcen, die der Steigerung des örtlichen Wachstums dienen, die Solidität der Finanzen der Länder gefährdet werden. Beispielsweise tragen bei einer Investition zur Verbesserung der lokalen Infrastruktur die Länder die Kosten vollständig, wobei die daraus resultierenden Erträge in Form von einem höheren Steueraufkommen durch eine höhere Einzahlung in den Länderfinanzausgleich oder durch sinkende Transfers anderen Ländern zugutekommen (Fuest/Thöne 2012: 271–272). Eine Möglichkeit, der Anreizproblematik entgegenzuwirken, wäre es für die Länder, mehr Steuerautonomie zu etablieren. Allerdings geht mit mehr Steuerautonomie die Wahrscheinlichkeit des Eintretens eines Steuerwettbewerbs einher.

In einem *Steuerwettbewerb* überbieten sich die Länder gegenseitig mit Steuersenkungen. Ziel ist es, ihre Einwohnerzahlen zu steigern und/oder mehr Unternehmen anzusiedeln. Wenn die Einwohnerzahl steigt, kann eine Steuerreduktion das Steueraufkommen erhöhen. Falls die Einwohnerzahl dagegen aufgrund einer nicht vorhandenen Wanderbereitschaft der älteren Bevölkerung nicht steigt, verringert sich das Aufkommen und es folgt eine Unterversorgung mit öffentlichen Leistungen. Jedes Land hat nun den Anreiz, Steuersenkungen durchzuführen, um die Einwohnerzahlen zu steigern und/oder mehr Unternehmen anzusiedeln (Fuest/Thöne 2012: 294). Ein Steuersenkungswettlauf kann zu einem „race to the bottom" führen. Das heißt, dass beide Staaten sich letztlich einem Steuerniveau von Null nähern und schließlich auch erreichen werden. Die Konsequenzen, die ein „race to the bottom" mit sich bringen kann, können eine unzureichende Wahrnehmung der Aufgaben durch den Staat sowie eine Unterversorgung mit öffentlichen Gütern sein (Boss 2003: 2 ff.). Ein Steuerwettbewerb kann somit Gefahren mit sich bringen, aber auch hinsichtlich dieser möglichen Gefahren einen positiven disziplinierenden Effekt auf die Länder ausüben. Aktuell besteht in Deutschland kein Steuerwettbewerb unter den Ländern (Brümmerhoff 2011: 721).

Abschließend sind die *regionalen Unterschiede*, die zwischen den Bundesländern existieren, zu berücksichtigen. Im Rahmen der Studie „Die Bundesländer im Standortwettbewerb 2009/2010" fanden die Autoren Berthold und Müller heraus, dass die deutschen Bundesländer sich in Bezug auf das Einkommen und die Präferenzen der Bürger erheblich voneinander unterscheiden (Berthold/Müller 2010: 591 ff.). Das lokale Äquivalenzprinzip fordert eine Gleichwertigkeit der Lebensverhältnisse. Um diese Gleichwertigkeit herzustellen, ist es notwendig, dass bei der Bereitstellung öffentlicher Güter die regional unterschiedlichen Bedürfnisse der Bürger beachtet werden. Dabei ist zu berücksichtigen, dass sich eine regional unterschiedliche Bereitstellung öffentlicher Güter nicht immer als sinnvoll erweist, wie beispielsweise bei der schulischen Bildung. Das Niveau und die Qualität der Schulen sollten deutschlandweit für alle Kinder vergleichbar sein, um eine Chancengleichheit gewährleisten zu können (Scherf 2011: 199; Deubel 2007: 218–219). Dabei sind dezentrale Entscheidungskompetenzen am besten dazu geeignet, das Angebot an öffentlichen Leistungen auf die regionalen Präferenzen optimal abstimmen zu können. Im Rahmen einer zentralen Bereitstellung der öffentlichen Güter können die regionalen Präferenzen der Bürger nicht in ausreichendem Umfang beachtet werden (Brümmerhoff 2011: 681). Gegenwärtig liegt die Entscheidungskompetenz hinsichtlich der Erbschaftsteuer zentral beim Bund. Die Länder haben somit keinen Einfluss auf die Entwicklung ihrer Steuereinnahmen. (Hüther/Hafermann 2012: 354). Die Zusammenhänge zwischen den ausgabenpolitischen Entscheidungen und der Einnahmenstruktur sind für die Bürger daher oftmals intransparent. Dezentrale Entscheidungskompetenzen haben dagegen den Vorteil, dass die Bürger einen besseren Einblick in die Wirkung finanzpolitischer Entscheidungen erhalten (Fuest/Thöne 2012: 269).

2. Kriterienkatalog

Bevor die Vor- und Nachteile einer Regionalisierung der Erbschaftsteuer diskutiert werden können, muss zunächst geprüft werden, ob die Erhebung der aktuellen Erbschaftsteuer in Deutschland gerechtfertigt ist. Das Ziel einer Reformierung ist die Beseitigung der Mängel des aktuellen Erbschaftsteuerrechts und vor allem die Verbesserung des Erbschaftsteuerrechts. Um im Folgenden beurteilen zu können, welche Mängel das aktuelle Erbschaftsteuerrecht aufweist, ist es notwendig, Kriterien zu definieren, die zur Prüfung der vorgenannten „Problemstellung" herangezogen werden können. Diese Prüfkriterien umfassen Gerechtigkeitsaspekte wie das Leistungsfähigkeitsprinzip und den Vorwurf der Doppelbesteuerung sowie Effizienzüberlegungen zur Erbschaftsteuer. Die genannten Prüfkriterien werden in den Abschnitten a. und b. dieses Kapitels detailliert dargestellt.

a. Gerechtigkeitsüberlegung der Erbschaftsteuer

Adam Smith sagte bereits im Jahr 1776, dass jeder Bürger zur Finanzierung der öffentlichen Ausgaben einen Beitrag leisten soll, der im Verhältnis zu seinen Fähigkeiten steht. Dieser Beitrag soll abhängig von dem Einkommen sein, das er unter dem Schutz des Staates erzielt (Smith 1983: 703). Anhand dieser Aussage lässt sich eine Rechtfertigung für die allgemeine Erhebung von Steuern ableiten. Durch die Einnahmen, die der Staat im Zuge von Steuererhebungen erzielt, können die benötigten öffentlichen Güter und Leistungen finanziert werden, ohne dass der Steuerpflichtige eine direkte Gegenleistung erhält. Mithilfe der Steuerzahlungen trägt der Steuerpflichtige dadurch, in Abhängigkeit seiner wirtschaftlichen Leistungsfähigkeit, zur Erhaltung und zum Schutz des öffentlich-rechtlichen Gemeinwesens bei (§ 3 Abs. 1 AO). Aus diesem Grund kann die Erhebung von Steuern als eine Art Gerechtigkeitsnorm verstanden werden, die die Finanzierung der öffentlichen Güter und Leistungen regelt (Scherf 2011: 200).

Der Begriff der steuerlichen Gerechtigkeit kann allgemein als eine Besteuerung verstanden werden, die sich unter anderem nach der persönlichen Leistungsfähigkeit des Steuerpflichtigen richtet und bei der eine gleichmäßige Besteuerung der Steuerpflichtigen vorliegt *(Leistungsfähigkeitsprinzip)* (Schneider 1971: 352). Die Grundlage für das Leistungsfähigkeitsprinzip bildet der Gleichheitsgrundsatz in Art. 3 Abs. 1 GG. Er stellt einen der wesentlichen verfassungsrechtlichen Maßstäbe der Steuernormen dar. Der Gleichheitsgrundsatz verfolgt das Ziel, eine gleiche Steuerbelastung aller Bürger sicherzustellen. Der Gleichheitsgrundsatz wird im Steuerrecht durch das Leistungsfähigkeitsprinzip definiert. Das Leistungsfähigkeitsprinzip verfolgt nicht das Ziel einer absolut gleichen Besteuerung, sondern es besteuert den Steuerpflichtigen nach seiner wirtschaftlichen Leistungsfähigkeit (gleichmäßige Besteuerung) (Schulte 2010: 12). Eine Besteuerung gemäß der wirtschaftlichen Leistungsfähigkeit des Steuerpflichtigen bedeutet, dass sich die Besteuerung an der persönlichen Liquidität des Steuerpflichtigen orientiert. Somit müssen die verschiedenen Einkommens- und Vermögensverhältnisse des Steuerpflichtigen im Rahmen der Besteuerung berücksichtigt werden (Birk 2014: 12). Das Leistungsfähigkeitsprinzip wird in der Literatur auch als das Fundamentalprinzip einer gerechten Besteuerung definiert. Auch das BVerfG orientiert sich bei der Definition der Steuergerechtigkeit an dem Leistungsfähigkeitsprinzip und versteht unter dem Gebot der Steuergerechtigkeit eine Besteuerung, die sich nach der individuellen Leistungsfähigkeit des Steuerpflichtigen richtet (BVerfG 1990: 449). Um ein gerechtes Steuersystem in Deutschland zu gestalten, sollte daher jede Steuer, die in

Deutschland eingeführt werden soll, dem Leistungsfähigkeitsprinzip sowie dem Gleichheitsgrundsatz gerecht werden (Schneider 1971: 352). Daher wird das Leistungsfähigkeitsprinzip im Rahmen dieser Arbeit als ein Maßstab zur Beurteilung des aktuellen Erbschaftsteuerrechts herangezogen.

Inwieweit das Erbschaftsteuergesetz als gerecht aufgefasst werden kann, kann neben der Überprüfung der Einhaltung des Leistungsfähigkeitsprinzips auch mithilfe der in der Literatur bekannten Theorien zur Gerechtigkeit untersucht werden. In der Literatur kann dabei grundsätzlich zwischen zwei Theorien unterschieden werden. Dies sind die Theorie des *Utilitarismus* und die *Gerechtigkeitstheorie von Rawls* (Wellisch 2000a: 265). In beiden Theorien steht der Umverteilungsaspekt (Redistributionszweck) zwischen mehr und weniger leistungsfähigen Steuerpflichtigen im Sinne der Verteilungsgerechtigkeit im Mittelpunkt. Der *Utilitarismus* ist primär durch Jeremy Bentham bekannt geworden. Er besagt, dass sich die Wohlfahrt aus der Summe gewichteter individueller Nutzen zusammensetzt und dass eine Besteuerung nach dem gleichen Grenzopfer jedes Individuums erforderlich ist (Homburg 2010: 206). Das gleiche Grenzopferprinzip ist erfüllt, wenn der letzte Euro an Steuern bei allen Individuen zu einem gleichen Nutzenverlust führt (Blankart 2011: 187). Konkret bedeutet dies, dass die Wegnahme eines Euros bei einem Erben, der eine hohe Erbschaft erhält, einen niedrigeren Nutzenverlust bewirkt als die Wegnahme eines Euros bei einem Erben einer geringeren Erbschaft. Der Erbe einer niedrigeren Erbschaft würde somit benachteiligt werden, weil sein Nutzenverlust vergleichsweise höher ist (Stiglitz 1989: 425). Muss der Steuerpflichtige, der eine höhere Erbschaft erhalten hat, eine höhere Steuer entrichten als derjenige mit der niedrigeren Erbschaft, kann ein Zustand erreicht werden, bei dem beide Erben eine gleich hohe Nettoerbschaft erhalten. Da der Nutzenverlust desjenigen mit der hohen Erbschaft im Vergleich zum Nutzengewinn desjenigen mit der niedrigen Erbschaft niedriger ausfällt, kann durch eine solche Besteuerung insgesamt die soziale Wohlfahrt erhöht werden. Diese Art der Besteuerung kann auch als Besteuerung nach dem gleichen Grenzopfer bezeichnet werden und führt letztendlich zu einer Gleichverteilung der Nettoerbschaften (Homburg 2010: 207; Blankart 2011: 187). Eine absolute Gleichverteilung resultiert aus der Aufstockung aller unter dem Durchschnitt liegenden Erbschaften mit Transfers und einer Besteuerung aller über dem Durchschnitt liegenden Erbschaften (Schlesinger 2008: 17). *Der Ansatz Rawls'* (gesellschaftsvertraglicher Ansatz) legt stattdessen eine hypothetische Ex-ante-Situation zugrunde. Er setzt voraus, dass eine verfassungsgebende Versammlung über ein optimales Steuersystem abstimmt

(Homburg 2010: 207 f.). Die Teilnehmer der Versammlung wissen vor der Abstimmung nicht, ob sie zu den reichen oder armen Individuen der Gesellschaft zählen. Dieser Zustand wird in der Literatur als „Schleier der Unwissenheit" bezeichnet. Vor diesem Hintergrund der Ungewissheit tendieren risikoaverse Individuen zu einer Maximierung des minimalen Nutzens und entscheiden sich somit für eine Umverteilung (Wellisch 2000a: 290 ff.; Stiglitz 1989: 428). Risikofreudige Individuen würden sich hingegen im Vergleich zu den risikoaversen Individuen für eine geringere Umverteilung entscheiden, weil sie eher bereit sind, das Risiko einzugehen, am Ende zu den Armen zu gehören. Nach der Abstimmung über ein optimales Steuersystem nimmt jedes Individuum seine Position in der Gesellschaft ein und zahlt seine Steuern bzw. erhält seine Transfers. Schließlich ist dasjenige Steuersystem als gerecht im Sinne des gesellschaftsvertraglichen Ansatzes zu bewerten, dass ex ante von den Individuen beschlossen wurde (Homburg 2010: 208).

Als weiterer Maßstab der Gerechtigkeit ist der Vorwurf der *Doppelbesteuerung* anzuführen. Dieser Vorwurf wird häufig bei Diskussionen gegen die Erhebung der Erbschaftsteuer vorgebracht. Konkret beinhaltet dieser Vorwurf, dass die Erbschaftsteuer ein Vermögen besteuert, das bereits vom Erblasser beim Erwerb dieses Vermögens versteuert wurde. In der Öffentlichkeit wird die Doppelbesteuerung daher oft als Begründung für eine Abschaffung der Erbschaftsteuer verwendet (Straubhaar 2007: 293). Aus diesem Grund ist es wichtig, den Einwand der Doppelbesteuerung in der Analyse der Erbschaftsteuer (Kapitel 3) näher zu betrachten.

Zusammenfassend zählen zu den Maßstäben der Gerechtigkeit die Berücksichtigung des Leistungsfähigkeitsprinzips, die Umverteilungsabsicht einer Steuer, die sich aus den beiden Gerechtigkeitstheorien ergibt, sowie die Vermeidung einer Doppelbesteuerung. Diese Kriterien der Gerechtigkeit werden in Kapitel 3 zur Analyse des aktuell geltenden Erbschaftsteuerrechts herangezogen.

b.   Effizienzüberlegung der Erbschaftsteuer

Fragen zur Verteilung und zur Gerechtigkeit werden in der Politik oft über die Effizienzaspekte gestellt. Die Volkswirtschaftslehre konzentriert sich dagegen primär auf die Frage hinsichtlich der Effizienz. Daher werden in folgenden Kapitel Maßstäbe zur Beurteilung der Effizienz herausgearbeitet.

Ein Steuersystem ist als effizient einzustufen, wenn *allokative Verzerrungen* vermieden werden und es zu keinem Wohlfahrtverlust durch die Erhebung einer Steuer kommt (Wellisch 2000b: 23). Die Erhebung einer Steuer darf dementsprechend keine

Auswirkungen auf das Handeln des Steuerpflichtigen haben. Der Steuerpflichtige soll genau so handeln, als würde er nicht der Besteuerung unterliegen. Erst wenn eine Steuer das Handeln eines Steuerpflichtigen nicht beeinflusst, ist eine effiziente Allokation der Ressourcen gewährleistet.

Zusätzlich muss für ein effizientes Steuersystem die *verwaltungstechnische Einfachheit* gegeben sein. Mit einer verwaltungstechnischen Einfachheit könnte der Erhebungsaufwand so gering wie möglich gehalten werden. Der Erhebungsaufwand besteht aus der Summe der Kosten, die das Finanzamt aufgrund der Steuererhebung zu tragen hat, sowie aus den indirekten Kosten, die der Steuerzahler trägt (Stiglitz 1989: 408 f.). Die Kosten, die durch die Steuererhebung entstehen, bestehen aus Kosten für die Verwaltung (Homburg 2010: 54 f.). Neben diesen Verwaltungskosten, durch die die für öffentliche Investitionen zur Verfügung stehenden Geldmittel reduziert werden, werden durch die Erhebung einer Steuer Einnahmen generiert, die sich auf das Volumen der möglichen öffentlichen Investitionen positiv auswirken (Kohli/Schupp 2004: 56; Petersen 2003: 22). Hieraus lässt sich ableiten, dass die Erhebung einer Steuer nur dann sinnvoll ist, wenn die Kosten der Besteuerung die Einnahmen, die mit der Erhebung der Steuer erzielt werden, nicht übersteigen. Die Kosten einer Steuer bestehen allerdings nicht nur aus den Erhebungskosten des Staates, sondern auch aus den Entrichtungskosten (indirekten Kosten), die beim Steuerpflichtigen für die Zahlung der Steuer anfallen (Homburg 2010: 54 f.). Das Erbschaftsteuerrecht ist für die Steuerpflichtigen oft nicht leicht zu verstehen und deshalb beratungsintensiv (Sexauer 2004: 196). Die Kosten setzen sich zusammen aus Zeit- und Geldaufwand. Diese bestehen aus Kosten für die Erstellung von Steuererklärungen und Voranmeldungen, für die Überprüfung der Steuerbescheide und die Anfertigung von Jahresabschlüssen sowie für die steuerlichen Aufzeichnungspflichten. Primär verantwortlich für hohe Kosten bei der Erhebung von Steuern sind komplexe Bewertungsvorschriften mit hohen Freibeträgen bzw. Freigrenzen, weil sie den Arbeitsaufwand der Finanzverwaltungen erhöhen. Die Summe aus den beschriebenen Erhebungs- und Entrichtungskosten kann als Vollzugskosten der Besteuerung bezeichnet werden. Darüber hinaus können Zusatzkosten entstehen. Diese Zusatzkosten fallen an, wenn ein Ausweichen der Steuer möglich ist, d. h. die Möglichkeit der Steuerhinterziehung besteht. Die Finanzverwaltung muss dann prüfen, ob die Zahlungen in der richtigen Höhe eingegangen sind und somit keine Steuerhinterziehung stattfindet. Diese Überprüfungen verursachen schließlich die sogenannten Zusatzkosten (Homburg 2010: 55).

Damit nachvollziehbar ist, wer die Kosten trägt, ist weiterhin eine Transparenz der Steuer für den Effizienzaspekt von Bedeutung (Stiglitz 1989: 408 f.). Eine Steuer ist als effizient einzustufen, wenn sich klar feststellen lässt, wer die Steuer zu zahlen hat. Wenn die Verteilung der Steuerlast allerdings nicht nachvollziehbar ist, könnte der Grund dafür eine Überwälzung der Steuer sein, die durch eine Verhaltensänderung verursacht wird. Daher ist die *Steuerinzidenz* des Steuerpflichtigen näher zu untersuchen (Schlesinger 2008: 19).

Aus dem Beschriebenen ergeben sich die Analysekriterien der Effizienz. Zusammenfassend verlangt die Effizienzüberlegung eine Steuer, die zu keinen allokativen Verzerrungen führt. Somit darf das Handeln des Steuerpflichtigen nicht durch die Erhebung und die Ausgestaltung einer Erbschaftsteuer beeinflusst werden. Weiterhin gilt als Maßstab eine verwaltungstechnische Einfachheit: Die Kosten, die durch die Erhebung einer Steuer entstehen, dürfen nicht die Einnahmen aus dieser Steuer übersteigen bzw. unverhältnismäßig hoch sein. Schließlich gilt für die Untersuchung der Effizienz die Steuerinzidenz. Eine Steuer darf keine Überwälzungen zulassen, sodass sich eindeutig feststellen lässt, wer die Steuerlast trägt. Diese Maßstäbe werden im folgenden Kapitel auf das aktuelle Erbschaftsteuerrecht angewendet.

3. Analyse der Erbschaftsteuer

Die Kriterien, die im vorherigen Kapitel definiert wurden, werden nun herangezogen, um das aktuelle Erbschaftsteuerrecht zu beurteilen. Es wird geprüft, ob die aktuelle Erbschaftsteuer als gerecht identifiziert werden kann. Abschließend werden im Rahmen der Effizienzwirkung zunächst die mit der Erbschaftsteuer verbundenen Kosten betrachtet und danach die Wirkungen einer Erbschaftsteuer auf den Steuerpflichtigen untersucht. Ziel ist zu prüfen, ob das aktuelle Erbschaftsteuerrecht die Maßstäbe der Gerechtigkeit und der Effizienz berücksichtigt. Falls Mängel in der aktuellen Rechtslage gefunden werden, werden diese in einem nächsten Schritt aufgeführt und es wird ein Reformbedarf identifiziert.

a. Anwendung des Kriterienkatalogs

Als ein Maßstab zur Beurteilung der aktuellen Erbschaftsteuer wird im Rahmen der *steuerlichen Gerechtigkeit* unter anderem das *Leistungsfähigkeitsprinzip* genauer geprüft. Die persönliche Leistungsfähigkeit des Erwerbers erhöht sich infolge von Erbschaften und Schenkungen und somit auch dessen Fähigkeit, zur Finanzierung von kollektiven und öffentlichen Bedarfen beizutragen (Schulte 2010: 12). Es wird allerdings kontrovers diskutiert, inwieweit das Leistungsfähigkeitsprinzip einen angemessenen Grundsatz für die steuerliche Lastenverteilung darstellt. Die Ökonomen können sich seit Jahrhunderten nicht darauf einigen, was das Leistungsfähigkeitsprinzip für die Verteilung von Steuern bedeutet (Birk 2014: 12). Das BVerfG kritisiert das Leistungsfähigkeitsprinzip als zu vieldeutig, sodass aus ihm keine eindeutigen Folgerungen für die Steuerpolitik gezogen werden können (BVerfG 1976: 241).[7] Die Ursache für diese Vieldeutigkeit begründet sich durch die relative Erfassung der Leistungsfähigkeit eines Steuerpflichtigen, anstelle einer absoluten Erfassung (Schmidt 1960: 43). *Kloten* begründet 1960 die Vieldeutigkeit mit den Worten „wenn man sie relativ, d. h. im Verhältnis zu einer politisch erwünschten rechtlichen und sozialen Organisation, zu interpretieren versucht" (Kloten 1951: 256). Das Leistungsfähigkeitsprinzip gibt durch ihre relative Erfassung keine präzisen Regelungen für die Steuerpolitik vor, sodass das Spektrum für Interpretationsmöglichkeiten groß ist. Innerhalb des folgerichtigen Steuerrechts funktioniert das Leistungsfähigkeitsprinzip jedoch besser. Eine Ungleichbehandlung, die das Ergebnis einer folgerichtigen Besteuerung ist, gilt nicht als Verstoß gegen den Gleichheitsgrundsatz in Art. 3 Abs. 1 GG. Das verfassungsrechtliche Merkmal der spezifischen steuerlichen Leistungsfähigkeit bildet sich erst im Zusammenhang mit der Folgerichtigkeit (Breinersdorfer 2010: 2492). Damit die Erbschaftsteuer dem Gerechtigkeitsaspekt gerecht wird, ist es bedeutend, dass die Verteilung der Steuerlasten an das Leistungsfähigkeitsprinzip anknüpft. Wenn die Leistungsfähigkeit des Steuerpflichtigen durch Erbschaften ähnlich wie bei Kapital- und Lohneinkommen steigt (dies ist der Fall, wenn Vermögen vererbt wird), ist die aktuelle Erbschaftsteuer im Sinne des Leistungsfähigkeitsprinzips gerechtfertigt (Schlesinger 2008: 18). Die steuerliche Leistungsfähigkeit kann neben der Betrachtung im Rahmen des folgerichtigen Steuerrechts auch im Zusammenhang mit dem Reinvermögensprinzip betrachtet werden. Unter der Annahme einer gesonderten Interpretation der steuerlichen Leistungsfähigkeit durch das Reinvermögenszugangsprinzip[8] stellt das Erbe ein zusätzliches Einkommen dar und ist als dieses somit zu besteuern. Die Folge hieraus ist, dass das Erbe dadurch der Einkommensteuer unterliegen müsste (Meinecke 1999: 39; Scherf 2011: 388). Da Erbschaften aufgrund ihrer Eigenschaften, wie z. B. ihrem unregelmäßigen Auftreten, nicht den gleichen Einfluss auf die Leistungsfähigkeit des Erben haben wie ein

---

[7] Dazu Arndt (1988 : 787).

[8] Erbschaften und Schenkungen werden demnach als maximaler Konsum einer Periode ohne Vermögenseinbußen definiert und sind deshalb zu besteuern.

regelmäßig zufließendes Einkommen, ist eine Besteuerung von Erbschaften mit der Einkommensteuer nicht sachgerecht. Darüber hinaus hätte eine Besteuerung von Erbschaften mit der Einkommensteuer zur Folge, dass die Besteuerung unabhängig vom Verhältnis zwischen Erben und Erblasser erfolgen würde, allein aus der individuellen und finanziellen Situation des Erben. Die Besteuerung der Erbschaft oder der Schenkung durch den Einkommensteuertarif würde damit zu einer Benachteiligung gegenüber dem regelmäßig fließenden Einkommen (wie Lohn und Gehalt) führen (Scherf 2011: 388). Dies würde einen Verstoß gegen die vertikale Steuergerechtigkeit darstellen (Kronberger Kreis 2007: 12). Die vertikale Steuergerechtigkeit besagt, dass die Steuerbelastung zweier Steuerpflichtiger in unterschiedlichen wirtschaftlichen Lagen auch unterschiedlich hoch sein muss (Kraft/Kraft 2014: 34; Scherf 2011: 200). Das einmalige Einkommen (Erbschaft) darf demnach nicht mit regelmäßig fließendem Einkommen gleichgesetzt werden. Daher ist für die Erbschaft bzw. die Schenkung im Vergleich zu regelmäßig fließendem Einkommen eine andere Besteuerung zu wählen (Kronberger Kreis 2007: 12). Des Weiteren nimmt das Bereicherungsprinzip in der Erbschaftsbesteuerung eine zentrale Stellung ein. Die Erbschaftsteuer wird mit der erhöhten Fähigkeit begründet Steuern zahlen zu können. Da eine Erbschaft, ähnlich wie das regelmäßige Einkommen, die wirtschaftliche Leistungsfähigkeit des Erwerbers erhöht, wird der Steuerpflichtige durch eine Erbschaft in die Lage versetzt, höhere Steuern zu entrichten. Aufgrund der Tatsache, dass mit einer Erbschaft eine Erhöhung der Leistungsfähigkeit des Steuerpflichtigen einhergeht, kann mithilfe des Leistungsfähigkeitsprinzips die Erhebung einer Erbschaft per se bekräftigt werden (Scherf 2011: 388; Tipke 2003: 872). Dieser Aspekt der Erhöhung der steuerlichen Leistungsfähigkeit wird heute außerdem primär zur Rechtfertigung der Erbschaftsteuer herangezogen (Tipke 2003: 872). Daher zählt das durch die Erbschaft oder Schenkung erworbene Vermögen als zusätzliches Einkommen, das der Besteuerung zu unterliegen hat (Meinecke 1999: 39). Auch die progressive Ausgestaltung des Erbschaftsteuertarifs führt dazu, dass die Erbschaftsteuer dem Leistungsfähigkeitsprinzip gerecht wird, da durch die progressive Ausgestaltung weniger leistungsfähige Steuerpflichtige einer vergleichsweise niedrigeren Steuerbelastung gegenüberstehen. Es ist jedoch festzuhalten, dass das Ergebnis der Prüfung der Verfassungswidrigkeit der aktuellen Erbschaftsteuer durch das BVerfG noch nicht abgeschlossen ist, die auf der steuerlichen Vorteilhaftigkeit einer Vererbung von Betriebsvermögen gegenüber Privatvermögen basiert. Damit bleibt die Frage offen, ob das geltende Recht dem Anspruch des Gleichheitsgrundsatzes und dem damit verbundenen Leistungsfähigkeitsprinzip gerecht wird.

Darüber hinaus ist zu hinterfragen, ob die Besteuerung von Erbschaften als gerecht eingestuft werden kann, abhängig von den Wünschen der Gesellschaft an die Einkommens- und Vermögensverteilung. Wie in Kapitel 2.a beschrieben, sind sowohl der *Utilitarismus* als auch die *Gerechtigkeitstheorie von Rawls* zwei Theorien, die sich mit der Frage einer gerechten Besteuerung von Erbschaften beschäftigen. Prinzipiell stufen weder der Utilitarismus noch der Ansatz Rawls' die Besteuerung von Erbschaften als ungerecht ein. Beide Theorien streben eine gewisse Umverteilung durch die Erbschaftsteuer an (Schlesinger 2008: 17). Somit führt die Regelung der Besteuerung zu einer vollkommenen Angleichung der Nettoerbschaften, d. h. alle über dem Durchschnitt liegenden Erbschaften werden besteuert und alle unter dem Durchschnitt liegenden Erbschaften werden mithilfe von Transferzahlungen aufgestockt. Diese Angleichung des Vermögens im Rahmen der Erbschaftsteuer stimmt mit dem Gleichheitsprinzip (Art. 3 Abs. 1 GG) überein, dass durch das Leistungsfähigkeitsprinzip konkretisiert wird. Weniger leistungsfähige Steuerpflichtige haben demnach einer geringeren Steuerbelastung zu unterliegen als Steuerpflichtige, die eine höhere Erbschaft erhalten (Homburg 2010: 208).

Die aktuelle Erbschaftsteuer dient in erster Linie dem Fiskalzweck. Das Aufkommen, das der Staat mit der Erbschaftsteuer generiert, weist neben dem Fiskalzweck auch soziale Bestandteile auf. Mit der Höhe des Vermögenszugangs steigt der Steuertarif (progressiver Steuertarif). Durch diese progressive Ausgestaltung des Erbschaftsteuertarifs wird eine *Umverteilung* des durch die Erbschaft erhaltenen Vermögens erreicht. Die aktuelle Erbschaftsteuer kann daher mit der Umverteilungszielsetzung gerechtfertigt werden. Diese Umverteilung resultiert daraus, dass dem Bereicherten durch die Erbschaftsteuer ein Teil der gewonnenen Bereicherung genommen wird. Die Erbschaftsteuer verbessert damit ein wenig die Start- und Chancengleichheit der Erben, im Falle dass diese Ungleichheiten auf einer Vermögenskonzentration basieren. Darüber hinaus ist allerdings zu berücksichtigen, dass das Aufkommen der Erbschaftsteuer seit ihrer Einführung ausgesprochen gering ist. Im Jahr 2013 betrug das Erbschaftsteueraufkommen 4.633 Mio. Euro (2013) und machte nur 0,75 % des Gesamtsteueraufkommens (619.708 Mio. Euro) aus (Statistisches Bundesamt 2014 c; Tipke 2003: 875 f.). Das höchste Steueraufkommen wurde im Jahr 2013 mit der Umsatz-, Mehrwertsteuer generiert (196.843 Mio. Euro). Das Schlusslicht der Steuerspirale bildet mit einem

Aufkommen von 110 Mio. Euro im Jahr 2013 die Zweitwohnsteuer (Platz 28). Das Aufkommen der Erbschaftsteuer liegt im Vergleich mit den anderen Steuerarten im Mittelfeld auf Platz 16, direkt hinter der Stromsteuer. Dadurch zeigt sich, dass aufgrund des niedrigen Erbschaftsteueraufkommens der Umverteilungseffekt und die daraus resultierende Angleichung der Start- und Chancengleichheit mithilfe dieser Steuerart gering sind. Die folgende Abbildung zeigt die beschriebenen Steuereinnahmen von Bund, Ländern und Gemeinden in einer Steuerspirale für das Jahr 2013.

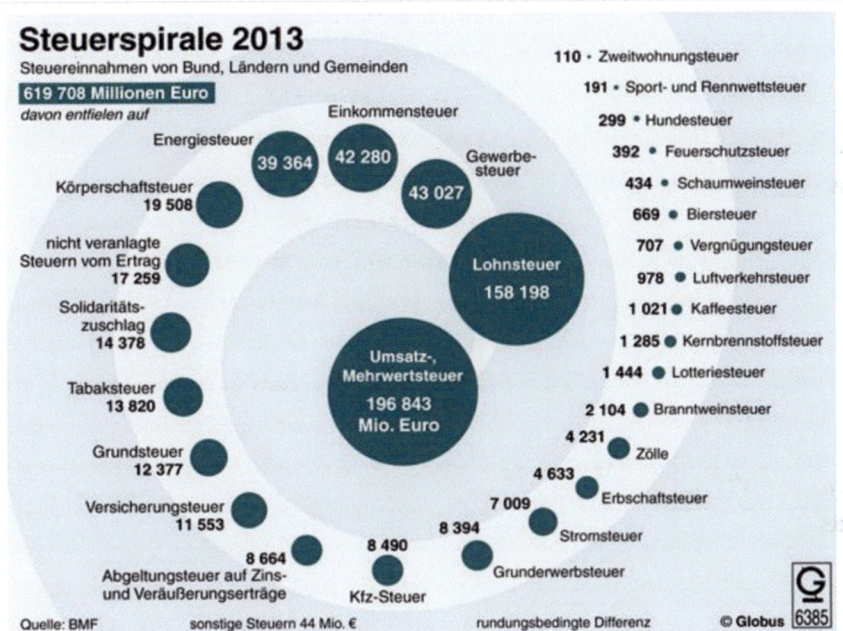

Abbildung 1: Steuerspirale 2013

Quelle: BMF (2014); o.V. (2014: 2154).

Aufgrund dieses niedrigen Steueraufkommens kann der Umverteilungseffekt der Erbschaftsteuer, besonders das Glätten ausgeprägter Vermögensungleichheiten, vernachlässigt werden (Scherf 2011: 387; Tipke 2003: 875 f.). Der Umverteilungseffekt wird darüber hinaus abgeschwächt, weil der Staat die Einnahmen aus der Erbschaftsteuer selbst vereinnahmt statt sie weniger Vermögenden zukommen zu lassen. Die aus der Umverteilungsabsicht resultierende distributive Wirkung wird somit ebenfalls gedämpft (Scherf 2011: 388). Das Ausmaß der Umverteilung durch die Erbschaftsteuer ist zusätzlich abhängig davon, wie effizient diese erfolgen kann. Streng genommen ist die

Effizienz als ein Kostenfaktor der Besteuerung zu sehen. Denn eine ineffiziente Umverteilung würde von der Gesellschaft abgelehnt werden, weil diese von der Gesellschaft als ungerecht wahrgenommen werden würde. Daher müssen auch Effizienzaspekte in die Beurteilung der Gerechtigkeit einfließen, die in diesem Kapitel, nach Abschluss der Prüfung des Gerechtigkeitsaspektes, genauer untersucht werden (Schlesinger 2008: 18).

Der letzte Maßstab zur Prüfung der Erbschaftsteuer bezüglich des Gerechtigkeitskriteriums ist der Vorwurf der *Doppelbesteuerung*. Im Rahmen der Prüfung des Vorwurfes der Doppelbesteuerung fällt auf, dass nur die Sichtweise des Erblassers widergespiegelt wird. Aus seiner Perspektive handelt es sich tatsächlich um eine doppelte Belastung seines Vermögens.[9] In der Planung für die Zeit nach seinem Tod muss er die Erbschaftsteuer als eine Art Kostenfaktor miteinbeziehen. Infolgedessen empfindet der Erblasser die Erbschaftsteuer als eine Doppelbesteuerung seines Vermögens. Er fühlt sich ungerecht behandelt, weil Teile seines erarbeiteten Vermögens nicht an seine Familie übertragen, sondern durch die Erbschaftsteuer gemindert werden (Meinecke 1999: 44.). Allerdings ist zu bedenken, dass im Rahmen der Erbschaftsteuer nicht der Erblasser steuerpflichtig ist, sondern der Erbe. Die Besteuerung knüpft an den Vermögenszuwachs an, der beim Erben vom Einkommensteuergesetz noch nicht erfasst wurde. Eine Mehrfachbelastung im Sinne des Doppelbesteuerungsarguments ist somit nicht vorhanden. Zwar unterliegt das Vermögen des Erblassers einer Mehrfachbesteuerung durch die Einkommensteuer und Erbschaftsteuer, es betrifft aber nicht dasselbe Individuum (Individualprinzip). Da durch die beiden Steuerarten zwei Steuersubjekte betroffen sind, ist die Besteuerung der Erbschaften als steuersystemgerecht einzustufen (Crezelius 1999: 74). Eine Doppelbesteuerung liegt daher bei unvoreingenommener Betrachtung nicht vor (Meinecke 1999: 44).

Im Rahmen der *gesamtwirtschaftlichen Effizienz* der Erbschaftsteuer ist zunächst zu untersuchen, ob die aktuelle Erbschaftsteuer *allokative Verzerrungen* verursacht. Dazu muss geprüft werden, ob und in welchem Maße der Steuerpflichtige einer Steuer ausweichen kann. Um die Möglichkeit einer Ausweichreaktion beurteilen zu können, sind die Vererbungsmotive zu untersuchen (Kronberger Kreis 2007: 13; Homburg 2010: 134). Es existieren zwei verschiedene Erbschaftsmotive: Das altruistische und das egoistische Motiv (Kronberger Kreis 2007: 134). Das altruistische Vererbungsmotiv legt zugrunde,

---

[9] Eine detaillierte Beschreibung der Steuerstrukturen in Deutschland erfolgt in Kapitel 1.b.

dass der Erblasser seinen Erben etwas Gutes tun möchte. Das Ziel, seinen Erben ein Vermögen zu hinterlassen, verfolgt der Erblasser durch Sparen und Investitionen sowie durch sein unternehmerisches Handeln (Kronberger Kreis 2007: 13 f; Jürges 2001: 401). Das egoistische Motiv zielt drauf ab, mithilfe des Nachlasses beim Erben eine bestimmte Verhaltensweise zu beeinflussen (Homburg 2010: 136). Beispiele für egoistische Motive könnten sein, dass der Nachlass zum Zweck eingesetzt wird Pflege und Zuwendung im Alter von den Erben zu erhalten. Es ist zudem möglich, dass der Nachlass Entscheidungen der Erben über Ausbildung oder Ähnliches im Sinne des Erblassers beeinflussen soll (Kronberger Kreis 2007: 15). Darüber hinaus müssen auch Erbschaften berücksichtigt werden, die keinem spezifischen Motiv folgen (Blumkin/Sadka 2001: 3). Das ist der Fall, wenn Erbschaften zufällig entstehen bzw. ungeplant sind, weil die Lebensdauer des Erblassers unsicher ist (Homburg 2010: 136). Unter Berücksichtigung dieser Vererbungsmotive sollen nun die Ausweichreaktionen untersucht werden. Dazu wird zunächst die *Steuerinzidenz* näher beleuchtet, also die Überwälzungsmöglichkeiten in Abhängigkeit der unterschiedlichen Vererbungsmotive. Anschließend wird das Spar- und Konsumverhalten des Erblassers und der Erben betrachtet. Schließlich werden noch die Auswirkungen der Erbschaftsteuer auf das Vermögensportfolio des Erblassers dargestellt. Der Erbe bzw. der Erwerber der Schenkung ist zum Abführen der Steuerschuld verpflichtet (Schreiber 2012: 111). Dieser Bereich, der an die Steuerschuld anknüpft, wird als formale Steuerinzidenz bezeichnet. Etwas schwieriger lässt sich die Frage beantworten, wer die Steuer letztlich wirklich trägt. Mit dieser Frage kommt das Problem der tatsächlichen Steuerinzidenz auf (Blankart 2011: 341 f.). Wie zuvor beschrieben, folgen Erbschaften keinem einheitlichen Motiv, an dem die Steuerinzidenzanalyse anknüpfen könnte. Daher müssen zunächst verschiedene Vererbungsmotive unterschieden werden. Am leichtesten zu beurteilen ist die ungeplante bzw. zufällige Erbschaft. Da es sich um eine Erbschaft handelt, die weder geplant noch gestaltet werden kann, ist davon auszugehen, dass weder das Verhalten des Erben noch des Erblassers durch die Besteuerung von Erbschaften beeinflusst wird (Kronberger Kreis 2007: 15; Homburg 2010: 136; Scheffler/Wigger 2006: 2446). Damit liegt die tatsächliche Steuerinzidenz beim Erben, weil dieser keine Möglichkeit hat, die Steuer durch Verhaltensänderungen auf andere überzuwälzen. Beim altruistischen Vererbungsmotiv ergibt sich der Nutzen des Erblassers zum einen aus den Gütern, die er selbst konsumiert, aber auch aus dem Nutzen des Erben und dessen Konsum. Folglich führt eine Besteuerung der Erbschaft zunächst zu einer Belastung des Einkommens beim

Erblasser und nach dem Tod des Erblassers zu einer Belastung des Vermögens beim Erben. Der Erblasser zielt mit der Bildung seines Vermögens zu Lebzeiten darauf ab, seinen Erben dieses hinterlassen zu können. Somit wird letztlich dieser Nutzen des Erblassers besteuert. Aus diesem Grund hat der Erblasser einen Anreiz, seinen eigenen Konsum nach Einführung einer Erbschaftsteuer zu reduzieren (Homburg 2010: 135). Wie jede andere Steuer auch hat die Erbschaftsteuer einen Einkommens- und einen Substitutionseffekt. Das bedeutet, wenn sich die Besteuerung auf Erbschaften erhöht, so versucht der Erblasser, einen Ausgleich zu schaffen, indem er auf einen Teil seines Gegenwartskonsums verzichtet, damit seine Erben einen höheren zukünftigen Konsum realisieren können (Stiglitz 1989: 609 f.). Auch in Bezug auf das egoistische Vererbungsmotiv hat der Erblasser den Anreiz, einen Teil der Steuer durch Konsumverzicht zu kompensieren. Das Vermögen, das vererbt werden soll, kann mit dem Preis verglichen werden, den der Erblasser zahlt, um ein bestimmtes Verhalten seiner Erben herbeizuführen. Eine Erhöhung der Besteuerung von Erbschaften führt für den Erblasser zu einer Erhöhung des Preises, den er zu zahlen hat, um das gewünschte Verhalten seiner Erben zu erzielen (Homburg 2010: 135). Insgesamt lässt sich feststellen, dass sich die Steuerlast bei zufälligen Erbschaften gänzlich auf den Erben erstreckt und dieser keine Möglichkeit zur Überwälzung der Steuerlast hat. Dadurch kommt es im Falle einer zufälligen Erbschaft nicht zu Verzerrungen oder zu Wohlfahrtseinbußen. Verfolgt der Erblasser dagegen ein bestimmtes Motiv, sei es altruistisch oder egoistisch, so hat er einen Teil der Steuer selbst zu tragen. Das heißt, dass die Erhebung einer Erbschaftsteuer das Handeln des Erblassers beeinflusst und somit, im Gegensatz zur zufälligen Erbschaft, Verzerrungen und Wohlfahrtseinbußen zur Folge haben. Die Wirkung von Steuern auf die gesamtwirtschaftliche Effizienz ist zudem abhängig vom Spar- und Konsumverhalten des Erblassers und des Erben. Die Auswirkungen der Erbschaftsteuer verhalten sich analog zu den Wirkungen in Bezug auf die Überwälzung der Steuerlast. Im Rahmen von Zufallserbschaften wirkt sich die Erbschaft nicht auf das Spar- und Konsumverhalten der Erben oder des Erblasser aus (Kronberger Kreis 2007: 15). Bei einer Zufallserbschaft ist eine Planung und Gestaltung der Erbschaft nicht möglich, sodass eine Steuer nur zu einem Vermögensentzug führt, nicht aber eine steuerlich bedingte Ausweichreaktion zur Folge haben kann. Die Besteuerung von Zufallserbschaft kann daher als effizient identifiziert werden, weil sie zu keinen Verzerrungen und somit auch nicht zu gesamtwirtschaftlichen Wohlfahrtsverlusten führt. Hinsichtlich des Sparverhaltens kann ein Erblasser zwei verschiedene Gründe haben (Stiglitz 1989: 610). Er verfolgt entweder das Ziel, für sein

Alter vorzusorgen, oder er möchte für seine Erben sorgen und ihnen ein Erbe hinterlassen können. Die Sparmotive ähneln den altruistischen und egoistischen Vererbungsmotiven und sind von Bedeutung für das Sparverhalten des Erblassers. Je älter der Erblasser wird, desto wichtiger wird es für ihn, ein Erbe hinterlassen zu können. Aufgrund dieser Tatsache können 60 % der Anhäufungen von Vermögen über alle Altersgruppen begründet werden. Bei Personen über 50 können sogar 70 % der Vermögensanhäufungen damit begründet werden (Jürges 2001: 401; Oberhauser 1980: 502). Damit zeigt sich, dass das Spar- und Investitionsverhalten des Erblassers von seinem Erbschaftsmotiv abhängig ist. Wenn eine Erbschaftsteuer existiert und der Erblasser für seine Erben nach seinem Tod vorsorgen möchte, wird er seine Sparquote erhöhen (Stiglitz 1989: 138). Andererseits kann ein Anstieg der Steuersätze den Erblasser dahingehend beeinflussen, dass er seinen Konsum erhöht und seine Sparquote reduziert. Der Erblasser erwartet eine Kürzung seines Vermögens aufgrund der Erbschaftsbesteuerung. Hohe Steuersätze würden so zu einer Art „Enteignung" führen, was zu Folge hat, dass das Spar- und Investitionsverhalten der Gesellschaft zurückgeht. Ein Rückgang der Spar- und Investitionsquoten wirkt sich negativ auf die gesamtwirtschaftliche Effizienz aus, weil ein solcher Rückgang negative Auswirkungen auf das ökonomische Wachstum und den gesellschaftlichen Handlungsspielraum hat. Gleiches gilt ebenfalls für die steuerliche Erfassung von Erbschaften. Diese wirken sich nachteilig auf die Vermögensbildung aus, wodurch sich die wirtschaftlichen Chancen derjenigen schmälern, die keine Erbschaft erhalten (Straubhaar 2007: 298). Daraus resultiert, dass die Erblasser ihr Verhalten an die Besteuerungshöhe anpassen. Je höher der Staat demnach Erbschaften besteuert, desto stärker ist der Anreiz des Erblassers, seine Spar- und Investitionsquote zu senken. Eine Erhöhung der Erbschaftsteuer kann damit Wohlfahrtseinbußen zur Folge haben. Um allerdings die gesamtwirtschaftlichen Folgen einer Erbschaftsteuererhöhung beurteilen zu können, ist es notwendig, neben den Verhaltensänderungen des Erblassers auch die Auswirkungen auf das Verhalten der Erben zu berücksichtigen. Die Erwartung einer Erbschaft bzw. der Eintritt einer Erbschaft kann dazu führen, dass der Erbe sein eigenes Arbeitsangebot am Arbeitsmarkt und seine Sparquote reduziert. Dieser Effekt der Verzerrung durch die Erwartung oder durch den Eintritt einer Erbschaft kann durch die Besteuerung ausgeglichen werden. Für den Erben ist die Höhe der Besteuerung seiner Erbschaft ebenfalls relevant. Wenn der Steuersatz übermäßig hoch ist, ist dies mit einer Enterbung gleichzusetzen. Weiterhin hängen sein Arbeitsangebot und die Höhe seiner Sparquote von seinen persönlichen und wirtschaftlichen Verhältnissen ab. Eine Erbschaft kann allerdings auch das Verhalten des Erben überwiegend positiv beeinflussen. Der Erbe hat die Möglichkeit, seine Erbschaft für künftige Investitionen zu nutzen, die sich gesamtwirtschaftlich positiv auswirken. Ein Beispiel wäre die Gründung eines Unternehmens nach dem Erhalt einer Erbschaft (Kronberger Kreis 2007: 13–16). Eine Besteuerung von Erbschaften könnte somit die Anzahl möglicher Neugründungen von Unternehmen reduzieren. Folglich kann sich die Besteuerung von Erbschaften auf das Verhalten des Erben gesamtwirtschaftlich gegenläufig (positive und negative Effekte) auswirken (Kronberger Kreis 2007: 17; Oberhauser 1980: 502).

Weiterhin muss im Rahmen des Effizienzaspektes geprüft werden, inwieweit die aktuelle Erbschaftsteuer eine *verwaltungstechnische Einfachheit* aufweist, damit sie als kosteneffizient eingestuft werden kann. Dazu wird geprüft, ob der Aufwand bzw. die Kosten der Erhebung der Erbschaftsteuer in einer angemessenen Relation zu den Einnahmen stehen. In Deutschland wird der Verwaltungsaufwand im Verhältnis zu den Einnahmen aktuell als zu hoch angesehen und politisch oft als ein Argument für die Abschaffung der Erbschaftsteuer genutzt. Vorrangig werden dabei die geringen Einnahmen der neuen Bundesländer und deren unverhältnismäßig hoher Verwaltungsaufwand genannt. In diesen politischen Diskussionen wird der Aspekt des Länderfinanzausgleichs oft vernachlässigt. Finanzschwache Länder erhalten Zahlungen aus dem Länderfinanzausgleich, wenn sie ihre Ausgaben mit ihren Einnahmen nicht decken können. Dadurch verringert sich der unverhältnismäßig hohe Aufwand (Kohli/Schupp 2004: 56; Petersen 2003: 22). Wesentlich verantwortlich für die hohen Kosten sind komplexe Bewertungsvorschriften, weil sie den Arbeitsaufwand der Finanzverwaltungen erhöhen (Homburg 2010: 55). Da im gegenwärtigen Erbschaftsteuerrecht eine Vielzahl an Bewertungsvorschriften existiert, ist es nicht als effizient einzustufen. Steuern sollten deshalb so gestaltet werden, dass die Kosten, die zusätzlich für ihre Erhebung anfallen, gering ausfallen. Der wissenschaftliche Beirat des Finanzministeriums schätzt, dass im Rahmen der bisherigen Regelung die Effizienzkosten quadratisch mit dem Steuersatz steigen. Das heißt, es wäre ein Alternativmodell erstrebenswert, das zu geringeren Kosten führt (Wissenschaftlicher Beirat 2012: 33–37). Letztlich werden für die Beurteilung der Kosteneffizienz der Erbschaftsteuer die Auswirkungen der Besteuerung von Erbschaften auf die Vermögenszusammensetzung betrachtet. Bei der Zusammensetzung des Vermögens bzw. beim Vermögensportfolio ist es möglich, dass die unterschiedlichen Bewertungen von Vermögensarten bei der Besteuerung von Erbschaften eine große Rolle spielen.

Wenn alle Vermögensarten gleich bewertet werden würden und es keine besonderen Entlastungsregeln für einzelne Vermögensarten gäbe, würde eine gleichmäßige Besteuerung erfolgen. Dadurch hätte die Besteuerung von Erbschaften keinen Einfluss auf das Verhalten des Erblassers (Schlesinger 2008: 27). Allerdings sieht das deutsche Erbschaftsteuerrecht aktuell von einer gleichen Bewertung aller Vermögensarten ab. Es existiert eine Vielzahl an speziellen Bewertungsgrundsätzen für die Bewertung der unterschiedlichen Wirtschaftsgüter, die sich im Rahmen der unterschiedlichen Vermögensarten unterscheiden (Rose 2009: 33 f; Scheffler 2012: 325). Die verschiedenen Bewertungsvorschriften sind vom Gesetzgeber so gewollt, weil sie u. a. das Betriebsvermögen begünstigen. Die Verschonungsregeln, die für das Betriebsvermögen gelten, sind allerdings begründet. Die Einführung dieser Verschonungsregeln zielt darauf ab, dass die Unternehmensfortführung nicht durch zusätzliche Belastungen der Erbschaftsteuer gefährdet wird. Primär richtet sich diese Regelung an mittelständische Unternehmen. In einem Urteil vom BVerfG wird diese Voraussetzung bekräftigt: Es heißt darin, dass mittelständische Unternehmen als Garanten für Produktivität und Arbeitsplätze einer gesteigerten rechtlichen Bindung unterliegen, weswegen die Existenz dieser Betriebe nicht steuerlich gefährdet werden darf (BVerfG 1995). Durch die aktuell bestehenden unterschiedlichen Bewertungsverfahren wird sichtbar, dass die Besteuerung von Erbschaften einen Einfluss auf die Verhaltensweise des Erblassers ausübt. Infolge der Erbschaftsteuerregelungen werden unternehmerische Entscheidungsprobleme verzerrt. Der wissenschaftliche Beirat nennt diesbezüglich verschiedene Beispiele wie etwa, dass Wertpapiere laut Gesetz zum Verwaltungsvermögen zählen, während Festgeld zum Betriebsvermögen gehört und Steuervorteile genießt. Daraus folgt, dass die Handlungen von Unternehmern durch die Erbschaftsteuer beeinflusst werden, beispielsweise durch eine rechtzeitige Umwandlung von Anleihen in Festgeld vor der Übertragung (Wissenschaftlicher Beirat 2012: 35). Aber nicht nur das Verhalten von juristischen Personen, auch das Verhalten von Privatpersonen wird durch die unterschiedlichen Bewertungsansätze beeinflusst. Aufgrund der im Vergleich zu Privatvermögen steuerlich günstigeren Bewertungsmaßstäbe für Betriebsvermögen besteht der Anreiz, die Erbschaft so zu gestalten, dass anstelle von Privatvermögen Betriebsvermögen übertragen wird. Ziel des Erblassers wird es daher sein, sein Vermögensportfolio zu Lebzeiten zu seinen steuerlichen Vorteilen hin umzugestalten, damit er überwiegend steuergünstigere Vermögensarten (wie Betriebsvermögen) erhält und diese vererben kann. Daraus können gesamtwirtschaftliche

Wohlfahrtsverluste resultieren, weil diese Verhaltensweise des Erblassers durch rein erbschaftsteuerliche Motive bedingt ist und somit die optimale Ressourcenallokation[10] beeinträchtigt wird (Schlesinger 2008: 28). Diese erbschaftsteuerlichen Gestaltungen können allerdings nur individuell durchgeführt werden, weil hohe Kosten im Rahmen von zivilrechtlichen als auch steuerlichen Gesichtspunkten berücksichtigt werden müssen (Einkommensteuer, Grunderwerbsteuer usw.) (Halaczinsky 2000: 1655). In Bezug auf gesamtwirtschaftliche Effizienzaspekte ist anzunehmen, dass durch eine Vereinfachung der Bewertungsgrundsätze zwar die Kosten der Besteuerung gesenkt werden würden, es aber zu einer verzerrenden Reaktion (eine abweichende Reaktion, die durch die Erbschaftsbesteuerung ausgelöst wird) der Steuerpflichtigen kommen könnte. In dieser Hinsicht besteht ein Trade–off zwischen einer gleichmäßigen, gerechten, aber nicht verzerrenden Bewertung einerseits und der Kosteneffizienz andrerseits (Bach/Broeckelschen/Maiterth 2006: 1968).

b. Identifikation eines Reformbedarfs

Seit dem 27. September 2012 zweifelt das deutsche Finanzgericht erneut an der Verfassungsmäßigkeit des Erbschaftsteuergesetzes und hat es nunmehr zum dritten Mal dem BVerfG zur Prüfung vorgelegt. Die Verfassungswidrigkeit begründet das deutsche Finanzgericht mit dem Verstoß der Verschonungsregeln für Betriebsvermögen gegen den allgemeinen Gleichheitsgrundsatz in Art. 3 Abs. 1 des Grundgesetzes. Seine Bedenken rechtfertigt der BFH primär durch die zielungenaue und gestaltungsanfällige Verschonung des Betriebsvermögens (Fichte 2013: 161 f.). Die überwiegende oder vollständige Steuerbefreiung des Betriebsvermögens sei verfassungswidrig, weil keine Bedrohung der Betriebsfortführung durch die Zahlung einer Erbschaftsteuer besteht. Der notwendige Erhalt des Arbeitsplatzes benachteiligt zudem andere Vermögensklassen gegenüber dem Betriebsvermögen. Weiterhin beschäftigen mehr als 90 % der Betriebe in Deutschland weniger als 20 Mitarbeiter und erhalten deshalb keine Steuervergünstigungen durch die Arbeitsplatzklausel im Rahmen ihrer Erbschaftsteuerpflicht (Lindgens 2013: 32). Ein weiterer Aspekt, der vom BFH als besonders bedenklich angesehen wird, ist die Unterscheidung zwischen dem begünstigten Vermögen („Betriebsvermögen") und dem nicht begünstigten Vermögen („sonstiges Vermögen"). Wie bereits in Kapitel 3.a erläutert, führt die steuerliche Begünstigung des Betriebsvermögens im Vergleich zu Privatvermögen zu dem Anreiz, mithilfe von

---

[10] In diesem Fall ist die Ressource Kapital gemeint.

Steuergestaltungen Privatvermögen in Betriebsvermögen „umzuwandeln". Durch das Ausnutzen dieser Möglichkeit können Steuerpflichtige die Erbschaftsteuer vermeiden. Der BFH bezeichnet das als einen „verfassungswidrigen Begünstigungsüberhang", weil diejenigen Erben benachteiligt werden, die nicht die Möglichkeit haben, diese Gestaltungsformen zu nutzen (Fichte 2013: 161 f.). Nach der Auffassung des BFH ist diese Begünstigung des Betriebsvermögens zu weitreichend. In dem Gestaltungsspielraum, den das BVerfG dem Gesetzgeber im Urteil vom 7.11.2006 zugesprochen hat, dürfte seiner Meinung nach eine Begünstigung des Betriebsvermögens nicht mehr umfasst sein (BVerfG 2006: 192). Auch wenn eine Privilegierung des Betriebsvermögens einen Gemeinwohlgrund darstellt (beispielsweise durch den Erhalt der Arbeitsplätze), bleibt offen, ob diese Begünstigung vom Gesetzgeber angemessen und ausreichend zielgenau festgelegt wurde, damit dieser Gemeinwohlzweck realisiert wird. Allerdings hat das Erbschaftsteuergesetz diesen Gemeinwohlzweck laut der Erklärung des BFH in seinem Vorlagebeschluss verfehlt. Der BFH schreibt hierzu, dass die Sach- und Gemeinwohlgründe keine Rechtfertigung für die Steuerbegünstigungen darstellen, weil sie in keinem ausreichenden Umfang vorhanden sind (Loose 2013: 104). Aus diesem Grund bleibt die Frage, ob die aktuelle Erbschaftsteuer dem Gleichheitsgrundsatz und dem Leistungsfähigkeitsprinzip folgt, noch offen. Das Argument der Doppelbesteuerung kann dagegen eindeutig verworfen werden. Eine Besteuerung des Vermögens beim Erblasser durch die Einkommensteuer und beim Erben durch die Erbschaftsteuer betrifft zwei Individuen und ist somit steuersystemgerecht. Die Besteuerung von Erbschaften wird ebenfalls durch den Umverteilungsgedanken gestützt. Die distributive Wirkung und die Vermeidung der Vermögenskonzentrationen, die durch eine Umverteilung angestrebt werden, sind allerdings aufgrund des niedrigen Erbschaftsteueraufkommens gering. Ebenfalls gehen von der Erbschaftsteuer Effizienzwirkungen aus. Die These, dass die Erbschaftsteuer nicht zu Verzerrungen und auch nicht zu Wohlfahrtsverlusten führt, ist nicht beständig. Weiterhin ist die aktuelle Erbschaftsteuer hinsichtlich der Kosteneffizienz abzulehnen (Schlesinger 2008: 25). Ein Vergleich der Erbschaftsteuer als Substanzsteuer mit anderen Steuerarten zeigt, dass sie im Rahmen der Kosteneffizienz benachteiligt ist. Aufgrund der unverhältnismäßig hohen Kosten[11] für die Erhebung der Erbschaftsteuer im Vergleich zu dem daraus generierten Aufkommen ist eine Reformierung des gegenwärtigen Erbschaftsteuerrechts zu empfehlen. Allerdings soll die

---

11 Ein Beispiel dieser Kosten ist in Kapitel 2.b aufgeführt.

ökonomische Effizienz nicht im Vergleich zu anderen Steuerarten gemessen werden. Ziel bei der Ausgestaltung von Steuern soll es sein, ihre Zusatzkosten für ihre Erhebung möglichst gering zu halten. Für die Erhebung und die Entrichtung der Erbschaftsteuer ist etwa ein Drittel des Aufkommens nötig, das generiert wird (Schlesinger 2008: 18). Zudem steigen die Effizienzkosten laut Beirat des Finanzministeriums quadratisch mit dem Steuersatz. Ein Alternativmodell sollte daher zu geringeren Kosten führen (Wissenschaftlicher Beirat 2012: 37). Demzufolge ist das aktuelle Erbschaftsteuergesetz im Hinblick auf die Kosteneffizienz und der Ungleichbehandlung verschiedener Vermögensarten klar abzulehnen. Es wäre demnach zu empfehlen, eine andere Ausgestaltungs- bzw. Erhebungsform der Erbschaftsteuer zu wählen. Die Analyse in Kapitel 3.a zeigt somit, dass das gegenwärtige Erbschaftsteuerrecht Mängel aufweist, die durch eine Reformierung des geltenden Erbschaftsteuerrechts beseitigt werden müssen. Daher ist zu diskutieren, welche alternative Steuer auf Erbschaften eingeführt werden sollte, um diese Schwächen zu beseitigen.

4. Regionalisierung als Lösungskonzept

Für die Verbesserung des aktuellen Erbschaftsteuerrechts werden immer wieder verschiedene Reformmodelle öffentlich diskutiert. Die Vorschläge reichen von der Abschaffung der Erbschaftsteuer über die Regionalisierung der Erbschaftsteuer bis hin zu einer Niedrigsteuer auf Erbschaften (Fichte 2013: 163–166). Das BVerfG hat festgelegt, dass all diese Reformmodelle die Vorraussetzung erfüllen müssen, dass die Bewertung aller Vermögensarten zum Marktwert zu erfolgen hat (Houben/Maiterth 2009: 14). Angesichts der in Kapitel 1.b gezeigten unterschiedlichen Aufkommensverteilung zwischen den Ländern ist zu hinterfragen, ob eine (Teil-) Regionalisierung der Erbschaftsteuer sinnvoll ist. Eine bundesweite Gesetzgebung sollte das Ziel verfolgen, einheitliche Belastungs- und Aufkommensverteilungen zu sichern. Andernfalls verfehlt sie ihren Sinn. Es stellt sich allerdings die Frage, welche Folgen mit einer Verlagerung der Gesetzgebungskompetenzen auf die Länder einhergehen (Brügelmann/Fuest 2008: 31). Zunächst erfolgt in Kapitel 4.a eine Vorstellung der Konzepte, bevor in Teil b diese Konzepte anhand der herausgearbeiteten Maßstäbe aus Kapitel 2 kritisch betrachtet werden.

a.   Vorstellung der Konzepte

Falls das BVerfG das aktuelle Erbschaftsteuerrecht für verfassungswidrig erklären sollte, ist eine Reformierung unumgänglich. Befürworter einer tiefgreifenden Reform sehen in der aktuellen Gestaltung des Erbschaftsteuerrechts, bestehend aus einer schmalen und gestaltungsanfälligen Bemessungsgrundlage, Handlungsbedarf und plädieren für eine Regionalisierung der Erbschaftsteuer. Es gibt zwei Möglichkeiten der Etablierung einer regional differenzierten Erbschaftsteuer in Deutschland. Diese sind eine vollständig regionalisierte Erbschaftsteuer und eine Regionalisierung im Rahmen einer Niedrigsteuer (Fichte 2013: 166). Im Folgenden werden die Ausgestaltungen dieser beiden Konzepte mit den dazugehörigen Stellschrauben vorgestellt.

a. (1)   Vollständige Regionalisierung

In den zahlreichen politischen Debatten wird die Regionalisierung der Erbschaftsteuer als Reformoption immer wieder thematisiert. Unter anderem schlug die FDP zur Behebung der Mängel des 2006 vom BVerfG für verfassungswidrig erklärten Erbschaftsteuerrechts eine Regionalisierung der Erbschaftsteuer vor. In dem Gesetzesentwurf der FDP „Entwurf eines Gesetzes zur Stärkung der Steuerautonomie in den Ländern (Erbschaftsteuerreformgesetz)" wurde die Regionalisierung der Erbschaftsteuer bereits konkretisiert und begründet. Der Vorschlag der Regionalisierung wurde allerdings im Mai 2009 abgelehnt. Der Gesetzesentwurf der FPD sah einen Verzicht der Gesetzgebungskompetenz durch den Bund vor. Folglich wird im Zuge der konkurrierenden Gesetzgebungskompetenz die Erhebung der Erbschaftsteuer den Ländern überlassen. Die Länder können infolge einer Regionalisierung Stellschrauben, wie die Höhe der Bemessungsgrundlage und der Steuersätze, eigenständig festlegen und zusätzlich über die Rahmengesetzgebung entscheiden. Da die Länder bereits die Ertragshoheit besitzen, können sie durch die Einführung einer Regionalisierung selbstständig durch die von ihnen erlassenen Erbschaftsteuergesetze über die Höhe des generierten Steueraufkommens bestimmen, weil ihnen gemäß Art. 106 GG das Erbschaftsteueraufkommen zusteht. Um im Steuerwettbewerb mit anderen Staaten nicht unterzugehen, muss Deutschland Steuererhöhungen vermeiden. Daher sollten Steuererhöhungen nicht als Folge einer Regionalisierung resultieren. Andernfalls kann eine Abwanderung der Steuerpflichtigen von Deutschland ins Ausland die Folge sein. Ein effektiver Weg ist die Übertragung der Gesetzgebungskompetenzen auf die Länder, um eine beständig niedrige Erbschaftsteuer zu erreichen. Durch einen interföderalen Wettbewerb der Länder kann die Steuerbelastung gering gehalten werden (BT-Drs. 2008:

1–3). Weiterhin muss festgelegt werden, welches Bundesland die Erbschaftsteuer nach einer Regionalisierung erheben darf. Hierfür gibt es zwei Möglichkeiten. Die Erbschaftsteuer kann so ausgestaltet sein, dass sie von denjenigen Ländern erhoben werden kann, in denen der Erblasser wohnt, oder von denjenigen Ländern, in denen der Erbe wohnt. Das Aufkommen steht demjenigen Bundesland ebenfalls zu, in welchem immobiles Vermögen liegt. Nach aktueller Rechtslage fließt demjenigen Bundesland die Erbschaftsteuer zu, in dem der Erblasser seinen Wohnsitz hat. Eine Ausnahme hiervon stellt die beschränkte Steuerpflicht dar. Diese tritt auf, wenn sich der Wohnsitz des Erben im Inland und der des Erblassers im Ausland befindet. In diesem Fall besitzt das Bundesland, in dem der Erbe ansässig ist, die Ertragshoheit. Für die in Kapitel 4.b folgende Diskussion wird angenommen, dass das geltende Verfahren auch nach der Regionalisierung der Erbschaftsteuer beibehalten wird (Brügelmann/Fuest 2008: 31/32).

Da nach der Regionalisierung der Erbschaftsteuer die Länder das Erbschaftsteuerrecht selbstständig gestalten können, kann die Regionalisierung dazu führen, dass Vermögensgegenstände, die Höhe der Steuerfreibeträge u. Ä. zwischen den verschiedenen Ländern variieren. Beispielsweise kann es durch die Regionalisierung dazu kommen, dass ein Haus in München im Vergleich zu einem Haus in Schwerin anderen Bewertungsgrundsätzen unterliegt. Um trotz der nach einer Regionalisierung auftretenden länderspezifischen Unterschiede im Erbschaftsteuerrecht die Selbstständigkeit der Länder bei der Gestaltung des Erbschaftsteuergesetzes gewährleisten zu können, kann es notwendig werden, die Erbschaftsteuer im Länderfinanzausgleich unberücksichtigt zu lassen. Kommt eine Nichtberücksichtigung der Erbschaftsteuer im Länderfinanzausgleich nicht in Frage, sind aufgrund einer Regionalisierung gegebenenfalls Anpassungen[12] vorzunehmen, da ihre Einnahmen sonst nivelliert werden. Die Länder haben nur ein Interesse, ihr Erbschaftsteueraufkommen zu steigern, wenn sie ihre zusätzlichen Einnahmen nicht in den Länderfinanzausgleich einzahlen müssen.[13] Damit die Länder frei in ihren Gesetzgebungskompetenzen sind, stellt ihnen der Gesetzesentwurf die Ausgestaltung ihrer eigenen Erbschaftsteuergesetze grundsätzlich frei. Es ist dabei zu beachten, dass das Grundgesetz nicht geändert werden muss, weil sich aus der konkurrierenden Gesetzgebung die Zuständigkeit der Länder ergibt, wenn der Bund nicht mehr für das Erbschaftsteuergesetz berechtigt ist. Folglich

---

[12] Anpassungen, bei denen beispielsweise finanzstarke Länder nicht ihren Anreiz verlieren, mehr Steueraufkommen zu generieren, weil sie zu befürchten haben, dass ihre zusätzlichen Einnahmen in den Länderfinanzausgleich einzahlen müssen.

[13] Erläuterung zur Anreizproblematik des Länderfinanzausgleiches siehe Kapitel 1.b

kann jedes Land eigenständig über das Erbschaft- und Schenkungsteuergesetz entscheiden oder auch auf die Erhebung einer Erbschaftsteuer verzichten. Demzufolge würde eine Regionalisierung die Steuerautonomie der Länder erhöhen und den Föderalismus in Deutschland stärken (BT-Drs. 2008: 1–3).

Eine dem Regionalisierungsvorschlag der FDP ähnliche Form der Erbschaftsteuererhebung wird bereits in der Schweiz praktiziert. In der Schweiz besitzen die Kantone die Gesetzgebungskompetenzen sowie die Ertragshoheit für die Erbschaftsteuer (doppelt). Teilweise erlauben einzelne Kantone auch eine ergänzende Zuständigkeit von Gemeinden. Andere Kantone gewähren stattdessen ihren Gemeinden einen Anteil des Ertrages aus dem Aufkommen der Erbschaftsteuer. Die Erbschaftsteuer wird ergänzend zur Einkommens- und Vermögensteuer erhoben. Das Aufkommen aus der Erbschaftsteuer ist eher bescheiden, aber dennoch nicht ganz unbedeutend. Im Jahr 2010 erstreckte sich das Aufkommen aus der Erbschaftsteuer auf 886 Mio. Franken für die Kantone und 88 Mio. Franken für die Gemeinden. In der Summe ergibt sich ein Gesamtaufkommen von 974 Mio. Franken aus der Erbschaftsteuer (ESTV 2013: 1 ff.). 974 Mio. Franken entsprechen ca. 805 Mio. Euro. Dies waren 0,81 % des gesamten Steueraufkommens der Kantone und Gemeinden und 0,51 % des gesamten Steueraufkommens der Schweiz (Bundesamt für Statistik 2014). Die Erbschaftsteuer wird in allen Kantonen, bis auf den Kanton Schwyz, erhoben. Die regionalen Ausgestaltungen der Erbschaftsteuer sind dabei sehr unterschiedlich. In Bezug auf die Schenkungsteuer fallen die regionalen Unterschiede dagegen kleiner aus. Bis auf den Kanton Luzern wird die Schenkungsteuer weitgehend gleich erhoben. Die Erbschaftsteuer wird vor allem als Erbanfallsteuer erhoben. Ausnahmen stellen hier lediglich die Kantone Graubünden und Solothurn dar, die eine Erbnachlasssteuer erheben. Die Erbschaftsteuer wird auf den Erbteil eines jeden Erben einzeln erhoben und nach der Höhe der einzelnen Erbanfälle bemessen. Der Vorteil einer Erbanfallsteuer liegt in der Abstufung nach Verwandtschaftsgraden, progressiven Ausgestaltungen und weiteren persönlichen Kriterien. In allen Kantonen bleiben die überlebenden Ehegatten sowie die eingetragenen Lebenspartner von der Erbschaftsteuerpflicht verschont. Die Steuerklassen gelten zumeist für Abkömmlinge, Eltern (Großeltern), Geschwister und sonstige Personen. Für die einzelnen Steuerklassen gelten überwiegend verschiedene Steuersätze sowie unterschiedliche Freibeträge. Dies entspricht dem Vorschlag der FDP zur Regionalisierung der Erbschaftsteuer in Deutschland. Dieser Vorschlag sieht einen fast ausnahmslos progressiven Steuertarif vor und richtet sich nach dem Verwandtschaftsgrad und der Höhe des Vermögensanfalls (ESTV 2013: 1 ff.). Eine kantonale Doppelbesteuerung wird durch Art. 127 Abs. 3 BV geregelt. Danach ist die interkantonale Doppelbesteuerung untersagt. Diese existiert, sobald mindestens zwei verschiedene Kantone die Steuerhoheit für das gleiche Steuerobjekt beim gleichen Steuersubjekt geltend machen. Die Kantone sind nach dem Bundesrecht dazu verpflichtet, bei Erbfällen, die kantonalüberschreitend sind, das Besteuerungsrecht abzugrenzen. Im Falle eines kantonalüberschreitenden Erbfalles eines Grundstücks darf derjenige Kanton die Erbschaftsteuer erheben, in dem das Grundstück liegt. Anders verhält es sich mit beweglichem Vermögen, bei dem das Herkunftsprinzip gilt. Bei einer Erbschaft von beweglichem Vermögen darf derjenige Kanton die Erbschaftsteuer erheben, in dem der Erblasser oder Schenker seinen letzten Wohnsitz hatte (Hindersmann/Myßen 2003: 52–53). Bei der Ausgestaltung und Bewertung der Reformoption einer Regionalisierung der Erbschaftsteuer kann Deutschland die Schweiz als Vergleich nutzen. Zum einen bezüglich der verschiedenen Ausgestaltungen und zum anderen bezüglich der Auswirkungen dieser Ausgestaltungsformen.

a. (2)   Regionalisierung im Rahmen einer Niedrigsteuer

Neben dem Reformvorschlag einer vollständigen Regionalisierung der Erbschaftsteuer besteht die Möglichkeit einer Regionalisierung als Teilausgestaltung im Rahmen einer Niedrigsteuer auf Erbschaften (Funk 2008: 4). Bei dieser Reform bekämen die Länder das Recht zugesprochen, die Erbschaftsteuer bezüglich der Bemessungsgrundlage und den Freibeträgen eigenständig festzulegen. Die Rahmengesetzgebung liegt, im Gegensatz zu einer vollständigen Regionalisierung, weiterhin beim Bund. Die Ausgestaltung der Niedrigsteuer zielt darauf ab, eine breitere Bemessungsgrundlage einzuführen und die Steuersätze zu senken. In der Steuerklasse I sinken die Steuersätze von 7–30 % auf nur noch 4–18 %. Ähnlich verhält es sich mit den Steuerklassen II und III, bei denen eine Halbierung der Steuersätze stattfindet. Die persönlichen Freibeträge bleiben allerdings unverändert. Anders als nach aktueller Rechtslage würden nach der Niedrigbesteuerung die Steuerbefreiungen und -vergünstigungen wegfallen. Das bedeutet, dass die bisherige Verschonung von Betriebsvermögen und die Steuerbefreiung von selbstgenutztem Eigenheim entfallen. Davon ausgenommen bleiben aus Verwaltungsvereinfachungsgründen allerdings die Steuerbefreiungen nach § 13 EStG für Hausrat u. Ä. Auch das teilweise steuerfreie Erben von Kunstgegenständen, -sammlungen u. Ä. wird beibehalten, weil diese Erbgegenstände nur einen geringen Anteil am Steueraufkommen haben, aber Gemeinwohl fördernde Ziele verfolgen (Houben/Maiterth

2009: 14). Für Betriebsvermögen wird zusätzlich eine spezielle Regelung eingeführt. 225.
000 Euro dürfen als Freibetrag von der Bemessungsgrundlage abgezogen werden. Ziel
des Reformmodells der Niedrigsteuer ist es allerdings nicht, das Steueraufkommen zu
steigern. Vielmehr wird eine Aufkommensneutralität angestrebt. Das bedeutet, dass durch
die Einführung eines neuen Erbschaftsteuerrechts, im Sinne der Niedrigbesteuerung,
keine nennenswerten Veränderungen des Aufkommens, im Vergleich zum Aufkommen
unter dem aktuellen Recht, entstehen. Mit der Einführung des Vorschlags zur
Niedrigsteuer würde der aktuelle Stufendurchschnittstarif durch einen progressiven
Grenzstufentarif abgelöst werden, sodass keine Belastungssprünge bei den
Stufenübergängen entstehen. Des Weiteren bleiben die drei bestehenden Steuerklassen
erhalten. Dadurch kann eine geringere Belastung des engen Familienkreises, beim
Überschreiten der Freibeträge, gegenüber entfernt Verwandten zusätzlich gewährleistet
werden. Die spezielle Regelung, dass Betriebsvermögen immer in der Steuerklasse I
besteuert wird, wird beibehalten. Bei der Ausgestaltung einer Niedrigbesteuerung entfällt
die Doppelbesteuerung stiller Reserven durch Anrechnung der Erbschaftsteuer auf die
Einkommensteuer. Der wesentliche Bestandteil der Niedrigsteuer ist die Ausweitung der
Länderkompetenzen. Durch die Niedrigbesteuerung und der damit verbundenen
Steuersatzsenkung kann es dazu kommen, dass die Länder die Steuersätze sukzessive
wieder anheben werden, wenn sie die Gesetzgebungskompetenz für die Steuersätze
besitzen. Folglich würden höhere Steuersätze und eine breite Bemessungsgrundlage zu
einer Doppelbelastung der Steuerpflichtigen führen. Um diesem Szenario vorzubeugen,
ist es sinnvoll, die Erbschaftsteuer nur teilweise zu regionalisieren (Fichte 2013: 178 ff.).
Tabelle 4 stellt den Vergleich zwischen dem aktuellen Erbschaftsteuerrecht und den
neuen Ausgestaltungen einer Niedrigsteuer nochmals überblicksartig dar.

Tabelle 4: Vergleich zwischen der aktuellen Erbschaftsteuer und dem Reformmodell Niedrigsteuer

	Aktuelle Erbschaftsteuer	Reformmodell Niedrigsteuer
Tarif	Steuerklasse I: 7%–30% Steuerklasse II: 15%–43% Steuerklasse III: 30%–50%	Steuerklasse I: 4%–18% Steuerklasse II: 6%–20% Steuerklasse III: 9%–30% (entspricht in etwa einer Halbierung der geltenden Steuersätze)
Persönliche Freibeträge	*Unverändert:* Ehegatten: 500.000 € Kinder: 400.000 € Enkel: 200.000 € Großeltern: 100.000 € Steuerklasse II + III: 20.000 €	
Steuerbefreiung	Betriebsvermögen (zu 85% oder 100%) selbstgenutzte Immobilien (jeweils mit Einschränkungen)	Wegfall der Steuerbefreiung (-vergünstigung) für Betriebsvermögen und Immobilien
	Betriebsvermögen wird immer in Steuerklasse I besteuert	
Spezielle Regelung	Doppelbesteuerung stiller Reserven wird nur in den ersten 5 Jahren vermieden	Doppelbesteuerung stiller Reserven wird vollständig beseitigt (Anrechnung der Erbschaftsteuer auf Einkommensteuer) Freibetrag für Betriebsvermögen i. H. v. 225.000 Euro (§ 13a ErbStG a.F.)
Länderkompetenz	Länder haben Ertragshoheit, aber keine Gesetzgebungskompetenz	Regionalisierung von Steuersätzen und Freibeträgen (Schutzmechanismus gegen Steuererhöhung)
Aufkommen	rund 4 Milliarden Euro p. a. *(Aufkommensneutralität)*	

Quelle: Eigene Darstellung in Anlehnung an Fichte (2013: 183).

b. *Kritische Würdigung*

Um beurteilen zu können, ob es sinnvoll ist, die Erbschaftsteuer in Deutschland vollständig zu regionalisieren oder nur Teilkompetenzen im Rahmen einer Niedrigsteuer den Ländern zuzusprechen, werden im Folgenden die Vor- und Nachteile beider Vorschläge diskutiert. Dazu werden die Konzepte anhand der in Kapitel 2 identifizierten Gerechtigkeits- und Effizienzmaßstäbe sowie anhand von Kriterien wie Steuerwettbewerb, Beseitigung der Anreizproblematik und der Berücksichtigung regionaler Präferenzen kritisch gewürdigt.

b. (1)   Vollständige Regionalisierung

Die Länder können ihre eigenen Erbschaftsteuergesetze im Rahmen einer vollständigen Regionalisierung der Erbschaftsteuer beschließen, wenn sie die Gesetzgebungshoheit zugesprochen bekommen. Das Steueraufkommen resultiert demnach aus der Ausgestaltung dieser Gesetze (BT-Drs. 2008: 3). Durch die Regionalisierung der Erbschaftsteuer kann gegebenenfalls eine Gleichverteilung des Erbschaftsteueraufkommens in den einzelnen Ländern erreicht werden. Um eine Umverteilung des Steueraufkommens aus Erbschaften zu erreichen, sind Wanderbewegungen (räumliche Bevölkerungsbewegungen) in Deutschland notwendig. Solche Wanderbewegungen können z. B. durch regional unterschiedliche Steuersätze erreicht werden, da sie den Anreiz schaffen, den eigenen Wohnsitz in Länder mit niedrigen Steuersätzen zu verlegen. Gelingt es einem Land daher, durch die Erhebung niedriger Steuersätze viele Bürger zu einem Wohnsitzwechsel in das eigene Land zu bewegen, kann das Land sein Steueraufkommen trotz niedriger Steuersätze erhöhen. Diese möglichen Wanderbewegungen, die durch die Steuerpolitik eines Landes ausgelöst werden, können allerdings zu einem *Steuerwettbewerb*[14] zwischen den einzelnen Ländern führen (Brügelmann/Fuest 2008: 31). Anhand von Vergleichen mit anderen Steuerarten und Ländern zeigt sich, dass eine Regionalisierung nicht zwingend zu einem ruinösen Steuerwettbewerb führen muss. Die Gewerbesteuer stellt ein gutes Beispiel für einen in der Realität funktionierenden Steuer- und Standortwettbewerb dar. Die Höhe der Gewerbesteuersätze wird auf Gemeindeebene bestimmt, womit eine Regionalisierung dieser Steuerart vorliegt. Trotzdem führt diese eigenständige Bestimmung der Hebesteuersätze durch die Gemeinden nicht zu einem ruinösen Steuerwettbewerb (Scherf 2011: 199). Frankfurt am Main und München, die wirtschaftlich stark sind Beispiele dafür, dass finanzstarke Regionen nicht immer zu Steuersenkungen tendieren. Im Rahmen der Gewerbesteuererhebung verfolgen beide Städte nicht wie erwartet eine Niedrigsteuerstrategie. Sie erhöhten stattdessen ihre Hebesteuersätze auf die Höchsten in Deutschland und beweisen somit zum einen, dass eine regionalisierte Steuer nicht zwingend einen Steuerwettbewerb zur Folge haben muss. Zum anderen zeigen diese Beispiele, dass das Aufkommen sich zudem nicht nivellieren muss (Fuest 2008: 205 ff; Fuest/Thöne 2012: 295). Ein weiteres konkretes positives Beispiel für das Funktionieren einer regionalisierten Erbschaftsteuer ist die Schweiz.[15] Aufgrund der dezentralen

---

[14] Eine Erläuterung des Steuerwettbewerbs befindet sich in Kapitel 1.b.

[15] Eine genaue Beschreibung des Erbschaftsteuersystems der Schweiz erfolgt in Kapitel 4.a.

Erbschaftsteuerautonomie versuchen die Kantone mithilfe ihrer erbschaftsteuerrechtlichen Gestaltungsmöglichkeiten, im Steuerwettbewerb eine gute und vorteilhafte Position einzunehmen, was allerdings nicht zu einem ruinösen Steuersenkungswettlauf in der Schweiz führt (Fuest 2008: 201). Obwohl der Kanton Schwyz sogar auf die Erhebung einer Erbschaftsteuer verzichtet, kam es bislang nicht zu einem Aufkommenseinbruch oder zu einer außerordentlich hohen Verschiebung der Aufkommen zwischen den Kantonen. Trotzdem ist ein disziplinierender Effekt des Steuerwettbewerbs in der Schweiz erkennbar, sodass die Länder bei ihren Ausgestaltungen die Gefahr eines ruinösen Steuerwettbewerbs stets berücksichtigen (Brügelmann/Fuest 2008: 34 f.). Neben positiven Beispielen für die Regionalisierung einer Steuer gibt es auch Staaten, die mit einer dezentralisierten Steuer negative Erfahrungen machen mussten. So führten regional unterschiedliche Erbschaftsteuersätze in Australien innerhalb von zehn Jahren zu einer vollständigen Erosion des Aufkommens. Nach der Einführung einer regionalisierten Erbschaftsteuer in den USA entschieden sich viele Staaten für eine Abschaffung der Erbschaftsteuer. In den restlichen Staaten der USA, die die Erbschaftsteuer weiterhin erheben, entsteht allerdings keine Zusatzbelastung, weil sie gänzlich auf die föderale Erbschaftsteuer anrechenbar ist. Bislang konnte jedoch nicht herausgefunden werden, warum die Erbschaftsteuer abgeschafft bzw. gesenkt wurde. Florida war einer der ersten Staaten, die die Erbschaftsteuer abschafften. Florida ist bekannt als Seniorenalterssitz. Daher ist es naheliegend, dass die Erbschaftsteuer im Steuerwettbewerb zunächst gesenkt wurde, damit mehr Senioren ihren Wohnsitz nach Florida verlegen. Es ist aber auch denkbar, dass die Vielzahl der in Florida ansässigen Senioren für eine Abschaffung der Erbschaftsteuer plädiert hat, wodurch die Zahl der Senioren erneut stieg (BDI/vbw/Deloitte 2007: 75; Brügelmann/Fuest 2008: 33 ff.).

Bei der Beurteilung der Auswirkungen einer Regionalisierung der Erbschaftsteuer muss zusätzlich angeführt werden, dass die Attraktivität einer Stadt bzw. eines Landes bei der Standortwahl beispielsweise nicht ausschließlich anhand der Höhe der Steuersätze gemessen werden kann. Vielmehr spielen auch Faktoren wie die vorhandene Infrastruktur, der Erholungswert der Region oder die Konzentration wirtschaftlicher Aktivitäten eine wichtige Rolle bei der Standortentscheidung. Somit ist es möglich, dass ein Land hohe Steuersätze verlangen kann, ohne dass eine Abwanderung wirtschaftlicher Aktivitäten die Folge sein muss, weil sie aufgrund der Infrastruktur, des Erholungswerts oder der wirtschaftlichen Konzentration Vorteile bietet, die entscheidender sind als die Höhe der aktuellen Steuersätze.

Ebenfalls eine Rolle für die Intensität eines Steuerwettbewerbs spielen die Startchancen der einzelnen Länder nach Einführung einer dezentralen Erbschaftsteuer (Fuest 2008: 201). Ein Steuerwettbewerb ist nur dann sinnvoll, wenn alle Länder die gleichen Startchancen besitzen bzw. vergleichbare Möglichkeiten haben (Fuest/Thöne 2012: 295). Eine ungleiche Verteilung der Finanzkräfte beeinflusst den Steuerwettbewerb der Länder im Hinblick auf die Startchancen. Eine gute Startposition ist dabei abhängig von Faktoren wie beispielsweise Aufkommen, Einwohnerzahl und Wohlstand der Bevölkerung. Länder, die eine solide Finanzkraft aufweisen, wie Bayern, Baden-Württemberg oder Nordrhein-Westfalen, haben eine bessere Startposition im Steuerwettbewerb gegenüber den finanzschwachen, ostdeutschen Ländern wie Sachsen, Brandenburg, Sachsen-Anhalt, Thüringen oder Mecklenburg-Vorpommern. Nach einer Regionalisierung der Erbschaftsteuer sehen sich finanzschwache Länder benachteiligt und in einem ungerechten Wettbewerb (Fuest 2008: 201). Die finanzstarken Länder können ihre Steuern senken und weiterhin ihre öffentlichen Leistungen anbieten. Eine Steuersenkung könnte zudem die Übergabe von Familienunternehmen erleichtern, da sie nicht befürchten müssen, dass sie aufgrund der hohen Erbschaftsteuerlast ihr Unternehmen nicht weiterführen können. Somit werden Länder mit niedrigen Steuersätzen von Familienunternehmen als wirtschaftlich attraktiv empfunden. Dagegen haben Länder, die eine schwache Finanzkraft aufweisen, nur die Möglichkeit, ihre Steuersätze zu erhöhen, um sich im Steuerwettbewerb mit den finanzstarken Ländern gut zu positionieren. Allerdings besteht dann die Gefahr einer Abwanderung der Bevölkerung und somit eines niedrigeren Steueraufkommen. Die Folge wäre eine Unterversorgung mit öffentlichen Leistungen, sodass sie die zuvor beschriebene Attraktivität ihres Landes nicht erhöhen können, um eine Zuwanderung zu erreichen. Eine Senkung oder Beibehaltung der Steuersätze ist für sie wirtschaftlich nicht erstrebenswert, weil sie ihre öffentlichen Leistungen ebenfalls nicht mehr finanzieren können. Daher besitzen die finanzschwachen Länder eine schlechtere Startposition und sind gegenüber den finanzstarken Ländern benachteiligt (Büttner/Schwager 2003: 533; Scherf 2011: 199; Pressemitteilung 2008). Es ist daher zu vermuten, dass sich die Schere zwischen reichen und armen Bundesländern durch regional differierende Erbschaftsteuergesetze weiter vergrößert. Erkenntnisse aus dem Steuerwettbewerb anderer Bereiche zeigen, dass Länder, die ein geringes Pro-Kopf-Einkommen erzielen und deren Einwohnerzahl elastisch auf die

Steueränderungen reagiert, sich wahrscheinlich als Niedrigsteuerländer platzieren werden. Auf der anderen Seite werden sich Länder mit einem hohen Pro-Kopf-Einkommen und Bürgern, die „unelastisch" auf Steueränderungen reagieren, als Hochsteuerländer positionieren. Die restlichen Länder werden sich im Mittelfeld wiederfinden. Es ist davon auszugehen, dass sich vor diesem Hintergrund eine Wanderbewegung entwickelt, die nicht völlig zu vermeiden ist (Fuest 2008: 205 ff.; Fuest/Thöne 2012: 295). In der Wirtschaft werden bereits solche Wanderbewegungen beobachtet. Multinationale Unternehmen wählen bereits aktuell ihre Standorte unter Berücksichtigung der Höhe der Steuersätze aus. In öffentlichen Diskussionen wird oft die Gefahr der Vermeidung der Erbschaftsteuer durch den Wegzug über nationale Grenzen thematisiert. Derzeit besteht eine unbeschränkte Steuerpflicht in Deutschland, wenn der Erbe oder der Erblasser seinen Wohnsitz in Deutschland hat oder wenn er als deutscher Staatsangehöriger nicht länger als fünf Jahre im Ausland gelebt hat. In diesen Fällen wird das Weltvermögen (alle inländischen und ausländischen Einkünfte) für die Erbschaftsteuerpflicht zugrunde gelegt. Eine Umgehung der Erbschaftsteuerpflicht ist nicht durch den Wegzug des Erben oder des Erblassers möglich, weil der Erbe oder der Erblasser dann in Deutschland der beschränkten Steuerpflicht unterliegt. Wenn es im Rahmen einer Erbschaft zu einer Übertragung von Betriebsvermögen ins Ausland oder der Sitzverlegung von Kapitalgesellschaften ins Ausland kommt, besteht die Möglichkeit einer Liquidationsbesteuerung (Besteuerung des Abwicklungsgewinns bei einem Verkauf) oder zu einer „Entstrickung" der stillen Reserven. Doch diese Vermeidungsform der Erbschaftsteuer wird nur selten genutzt. Im Rahmen einer Regionalisierung innerhalb Deutschlands ist es für Unternehmen allerdings aufgrund geringer Transaktionskosten und nicht vorhandener sprachlicher, kultureller und rechtlicher Barrieren problemlos möglich, ihren Standort innerhalb Deutschlands hinsichtlich einer Unternehmensnachfolge und geringen Erbschaftsteuersätzen und/oder hohen Freibeträgen zu verlagern (Deubel 2007: 221 ff.). Gleiches gilt ebenfalls für Steuerpflichtige mit einem hohen Einkommen. Sie versuchen, ihren Wohnsitz zu verschleiern, indem sie sich in einem Bundesland mit einem geringeren Erbschaftsteuersatz anmelden, um die Steuerbelastung ihrer Erben gering zu halten. Diese Arten von Steuervermeidungsstrategien können allerdings nicht vollständig abgewehrt werden. In vielen Fällen ist es aber für die Steuerbehörden möglich, den Wohnsitz des Steuerpflichtigen festzustellen. Solche Probleme bestehen aktuell bereits im Verhältnis zum Ausland. Diese Anreize der Wohnsitzverschleierung sind aber vergleichsweise höher, als diese zwischen den Ländern wären (Fuest/Thöne 2012: 295). Anhand der Schweiz lässt sich feststellen, dass ein Steuerwettbewerb insgesamt nicht nur zu einer höheren Effizienz der öffentlichen Leistungsbereitstellung führen kann, sondern auch erhöhte Staatsausgaben reduzieren kann. (Schaltegger 2003: 84 ff.).

Damit allerdings ein Steuerwettbewerb aufgrund regional unterschiedlichen Erbschaftsteuergesetzen entsteht, muss eine Bereitschaft der älteren Bevölkerung bestehen, den Wohnsitz innerhalb Deutschlands wechseln zu wollen. In den neuen Bundesländern ist zu verzeichnen, dass seit 1996 die Zuzüge von über 64-Jährigen, die sich außerhalb der Erwerbsphase befinden, zugenommen haben. Währenddessen verzeichnen sie aber eine Abwanderung im Bereich jüngerer Altersgruppen. Die folgende Abbildung 2 stellt den demographischen Wandel (Wanderungssaldo) der deutschen Bundesländer für den Zeitraum von 2000–2013 dar. Der Wanderungssaldo ergibt sich aus der Differenz der Zu- und Abwanderung eines Landes. Die Abbildung bestätigt, dass die Zuwanderung der über 64-Jährigen in den Jahren 2000–2013 primär in den neuen Bundesländern zugenommen hat. Aus der Verrechnung der Zu- und Fortzüge der neuen Bundesländer ergibt sich ein positives Wanderungssaldo von 26.327 Personen, die über 64 Jahre alte sind. Die Zuwanderung hat vor allem in den neuen Bundesländern Brandenburg, Mecklenburg-Vorpommern und Sachsen mit einem positiven Gesamtwanderungssaldo von 34.659 Personen zugenommen. Durchschnittlich nahm die Anzahl der älteren Bevölkerung in diesen drei Bundesländern um 2.476 Personen pro Jahr zu. In den übrigen neuen Bundesländern wie Sachsen-Anhalt und Thüringen ist für diesen Zeitraum allerdings ein Überhang der Fortzüge der älteren Bevölkerung (-8.332 Personen) zu verzeichnen. Bayern und Baden-Württemberg verzeichnen, als aufkommensstärkste Bundesländer, hingegen einen positiven Wanderungssaldo der über 64-Jährigen (31.238 Personen). Nordrhein-Westfalen, das ebenfalls zu den aufkommensstärksten Bundesländern zählt, weist hingegen ein drastisches negatives Wanderungssaldo von -35.422 Personen, die über 64 Jahre alt sind, auf. Diese zuvor beschriebene begrenzte Wanderungsbereitschaft zeigt die folgende Abbildung 2.

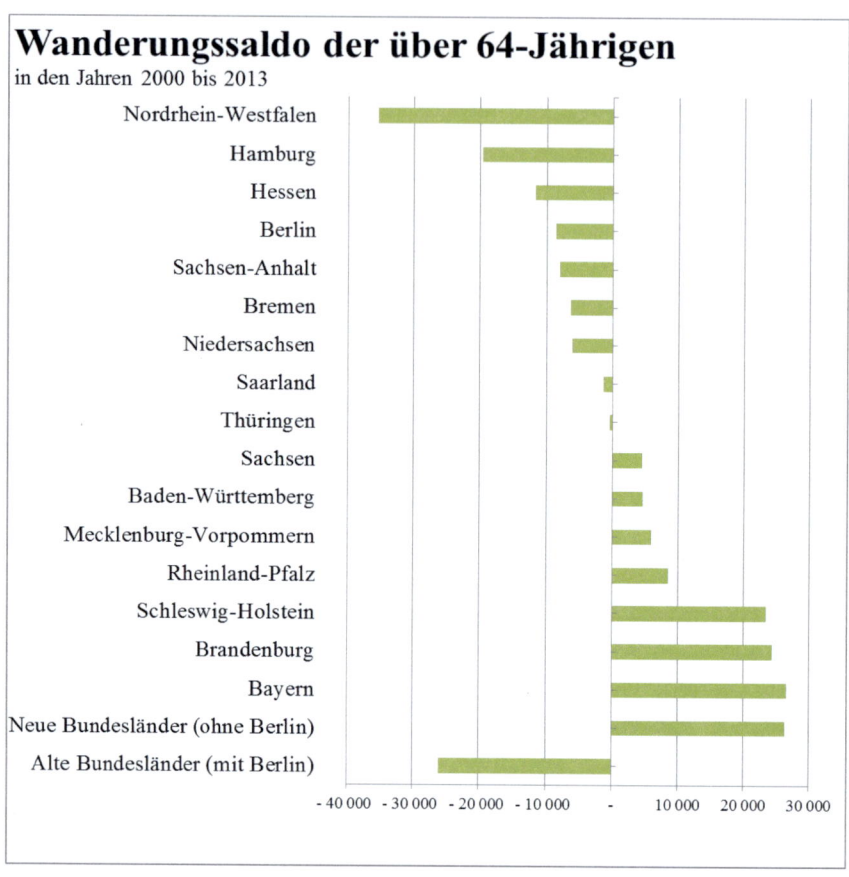

Wanderungssaldo der über 64-Jährigen
in den Jahren 2000 bis 2013

Abbildung 2: Wanderungssaldo der über 64-Jährigen

Quelle: Eigene Darstellung in Anlehnung an Statistisches Bundesamt (2004–2014b).

Zu den Hintergründen bzw. Motiven der Zuzüge in die neuen Bundesländer gibt es jedoch bisher keine Untersuchungen. Ein möglicher Grund könnte das Nutzen eines niedrigeren Preisniveaus im Osten sein, wodurch Realeinkommensverbesserungen erzielt werden können. Die Zuwanderung könnte auch auf die Rückkehr von Rentnern in ihre ehemalige Heimatstadt zurückzuführen sein, die ihren Wohnsitz nicht mehr nach Gesichtspunkten des Arbeitsmarkts- und der Beschäftigungsverhältnisse wählen müssen. Es bleibt daher ungewiss, zu welchen Wohnsitzverlagerungen regional differenzierte Erbschaftsteuergesetze in den neuen Bundesländern führen. Das einige potenzielle Erblasser allerdings hinreichend mobil sind und demzufolge auf Anreize zur Wohnsitzverlagerung reagieren werden, ist als wahrscheinlich anzusehen. Damit sich das Steueraufkommen der aktuell aufkommensstarken Länder nicht nivelliert, besteht die

Option, die Aufkommensverteilung nach dem Wohnsitzprinzip lediglich auf bewegliches Vermögen zu begrenzen. Bei Erbfällen mit immobilen Vermögen wie beispielswiese Grundstücken würde das Erbschaftsteueraufkommen dem Land zustehen, in dem sich das Grundstück befindet. Zusätzlich müsste auch der Steuersatz des Landes angewendet werden, in dem sich das Grundstück befindet, damit Steuerausfälle verhindert werden können. Wenn einige Länder keine Erbschaftsteuer erheben, wird ein Nullsatz auf das Vermögen angewendet. Somit ist keine Modifizierung des Wohnsitzprinzips notwendig (Brügelmann/Fuest 2008: 33; Werding 2002: 45). Wenn das Verfahren zur Bestimmung des Steuerpflichtigen bzw. des Bundeslandes, das die Ertragshoheit im Falle einer Erbschaft besitzt, wie in Kapitel 4.a beschrieben, erfolgt, könnte es für die aufkommensschwachen Bundesländer die Folge haben, dass sie die Erbschaftsteuer entweder abschaffen oder einen sehr geringen Erbschaftsteuersatz erheben. Sie würden sich somit zu einer attraktiven Region für wohlhabende Senioren entwickeln. Durch Zuzüge dieser wohlhabenden Senioren würde die Kaufkraft in ihrem Land gestärkt werden. Die dadurch entstehenden Mehreinnahmen relativieren den Verlust des Erbschaftsteueraufkommens. Damit es nicht kurzfristig zu Abwanderungen unmittelbar vor der Todeserwartung kommt, könnte das Bundesland, aus dem der Wegzug erfolgt, zusätzlich zu den außensteuerlichen Bestimmungen eine Frist von beispielsweise fünf Jahren einführen, in denen es die Steuerhoheit behält (Brügelmann/Fuest 2008: 32). In den wirtschaftspolitischen Diskussionen werden die Voraussetzungen, die gegeben sein müssen, um ein funktionsfähiges System mit einer regionalisierten Erbschaftsteuer bzw. für einen funktionsfähigen Steuerwettbewerb zwischen den Ländern zu schaffen, nur wenig beachtet und sind daher nicht bekannt. Davon ist besonders die Frage nach den Rückwirkungen durch erweiterte Gesetzgebungskompetenzen aus der Ausgestaltung des Finanzausgleichs zwischen den Ländern betroffen (Deubel 2007: 220). Die Wahrscheinlichkeit des Eintretens eines Steuerwettbewerbs hängt somit von der Ausgestaltung der Erbschaftsteuer sowie von den erbschaftsteuerlichen Konsequenzen eines Wohnsitzwechsels innerhalb Deutschlands ab. Auch wenn die Länder das aktuelle Aufkommen nach Etablierung einer regionalisierten Erbschaftsteuer halten können, so ist das Aufkommen aus der Erbschaftsteuer (siehe Tabelle 3) trotzdem insgesamt sehr gering. Schließlich sind auch die Auswirkungen einer Zuweisung der Gesetzgebungskompetenzen auf die Länder begrenzt (Fuest/Thöne 2009: 62).

Ferner stellt der *Umverteilungsaspekt* einen weiteren Vorteil für die vollständige Regionalisierung dar. Im Falle der Beibehaltung einer Erbanfallsteuer und eines progressiven Steuertarifs gehen weiterhin Verteilungswirkungen von der Erbschaftsteuer aus. Der Umverteilungseffekt ist letztlich aber nur schwach ausgeprägt, weil das Aufkommen aus der Erbschaftsteuer vergleichsweise mit anderen Steuern gering ist (Tipke 2003: 875 f.).

Die Bestimmung der Bemessungsgrundlage durch jedes Land würde zu einem hohen *administrativen Aufwand* führen. Diesen Aufwand müssen die Länder alleine tragen. Länder, die ein hohes Erbschaftsteueraufkommen erzielen, müssen dementsprechend höhere Verwaltungskosten tragen. Daher müssen die Länder abwägen, ob die Erhebung einer Erbschaftsteuer im Vergleich mit den damit verbundenen Aufwendungen erstrebenswert ist. Dies ist besonders vor dem Hintergrund wichtig, dass die erwirtschafteten Mehreinnahmen im Rahmen des Länderfinanzausgleichs an die Ländergemeinschaft abgegeben werden müssen.

Im Fall einer bundesweit uneinheitlichen Wertermittlung von Vermögensgegenständen in den Ländern, kann weiterhin die *Gefahr einer Doppelbesteuerung* zwischen den Ländern entstehen, wenn nicht ausreichend geklärt ist, welches Bundesland wann die Steuer erheben darf. Die Lösung wären Doppelbesteuerungsabkommen, wie sie international zwischen den Staaten vereinbart werden. In Deutschland müssten somit alle 16 Bundesländer untereinander Doppelbesteuerungsabkommen abschließen. Die dadurch entstehende Komplexität der Erbschaftsteuer spricht gegen eine regional differenzierte Erbschaftsteuer (Deubel 2007: 221). Die Länder können zudem eigenständig bestimmen, ob die Erbschaftsteuer als Erbanfallsteuer oder als Nachlasssteuer erhoben werden soll, wodurch die Komplexität der Erbschaftsteuer weiterhin erhöht wird. Durch eine Dezentralisierung der Erbschaftsteuer könnte allerdings eine konkrete Trennung der Verantwortlichkeiten in der Steuerpolitik umgesetzt werden. Die Erbschaftsteuer wäre somit eindeutig den Ländern zugeordnet (Kitterer 2007: 9). Dennoch stellt eine selbstständige Bestimmung der erbschaftsteuerlichen Bemessungsgrundlage durch jedes Bundesland aufgrund des erhöhten Verwaltungsaufwands keine praktikable Lösung dar (Brügelmann/Fuest 2008: 37).

Eine regionalisierte Erbschaftsteuer könnte allerdings einen Ansatz für die Lösung der *Anreizproblematik*[16] des Finanzausgleichs darstellen. Vereint mit einer strengeren und weniger nivellierenden Ausgestaltung des Länderfinanzausgleichs hätten die Länder einen größeren Anreiz, zuerst ihre eigenen Steuerquellen auszureizen, bevor sie Mittel

---

[16] Nähere Ausführungen zur Anreizproblematik der Länder sind in Kapitel 1.b aufgeführt.

aus dem Länderfinanzausgleich erhalten. Die Länder wären in der Lage, eigenverantwortlich zu handeln, wenn sie zum einen ihre Mehreinnahmen behalten können und sich zum anderen nicht auf Hilfeleistungen aus dem Länderfinanzausgleich verlassen können. Zwar steht den Ländern bereits gegenwärtig das Aufkommen aus der Erbschaftsteuer alleine zu, aber nur wenige Länder generieren überhaupt nennenswerte Einnahmen (Fuest/Thöne 2012: 266; Pressemitteilung 2008). Aktuell haben die Länder bei finanziellen Entscheidungen nur einen Einfluss auf ihre Ausgabenseite. Im Zuge einer vollständigen Regionalisierung können erforderliche finanzielle Anpassungen in bestimmten Situationen zusätzlich über die Einnahmenseite erfolgen, auch wenn das Aufkommen aus der Erbschaftsteuer gering ist (Kirchgässner 2008: 570). Die Länder haben die Möglichkeit, mit der Ausgestaltung der Freibeträge und der Steuersätze als Stellschrauben und gleichzeitig geringeren Ausgleichssätzen beim Finanzausgleich ihre Einnahmenseite eigenständig bestimmen zu können. Die Ausschöpfung der eigenen Steuerquellen führt zu soliden öffentlichen Länderhaushalten, weil nicht unbedingt eine Fremdfinanzierung in Anspruch genommen werden muss (Fuest/Thöne 2012: 270; Fuest/Thöne 2009: 18–19). Ferner birgt eine Regionalisierung der Erbschaftsteuer den Vorteil, dass die Länder mehr Handlungsspielraum erhalten. Durch den zusätzlichen Handlungsspielraum wird den Ländern mehr Verantwortung für ihre Haushalte zugesprochen. Das führt dazu, dass die Länder einen positiven Anreiz erhalten, einen nachhaltigen Haushalt zu führen (Brümmerhoff 2011: 722; Pfeffekoven 2006: 557). Allerdings muss beachtet werden, dass auch dieser Handlungsspielraum aufgrund des geringen Steueraufkommens begrenzt ist.

Weiterhin könnten im Zuge einer Regionalisierung die Landesregierungen für eine *präferenzgerechtere Bereitstellung öffentlicher Leistungen* sorgen. Durch die Verlagerung der Gesetzgebungshoheit auf die Länder ist eine autonome Bereitstellung der öffentlichen Güter möglich. Sie können ebenfalls die öffentlichen Güter in der Menge anbieten, die ihre Bürger nachfragen, weil sie ihre Aufkommenshöhe selbst beeinflussen können (Büttner/Schwager 2003: 533; Hüther/Hafermann 2012: 348). Jedoch ist auch hier zu beachten, dass das Aufkommen aus der Erbschaftsteuer niedrig ist und deshalb die Möglichkeiten hinsichtlich der Menge für die Bereitstellung der öffentlichen Güter begrenzt sind. Auf einer dezentralen Ebene ist es leichter möglich, die Präferenzen der Bürger in der Bereitstellung der öffentlichen Güter zu berücksichtigen als auf einer zentralen Ebene, weil die Bürger das Leistungsangebot beeinflussen können, indem sie ihre Bedürfnisse bekannt machen und somit die kollektiven Entscheidungen der Politiker beeinflussen können (Scherf 2011: 455). Somit berücksichtigt eine regional differenzierte Erbschaftsteuer das lokale Äquivalenzprinzip, das eine Gleichwertigkeit, aber nicht Einheitlichkeit der Lebensverhältnisse fordert (Deubel 2007: 218–219; Scherf 2011: 199). Dieser Vorteil der Verlagerung der Gesetzgebungskompetenz auf die Länder sowie die dezentrale Bereitstellung öffentlicher Leistungen gilt nur im Rahmen von Gütern mit regionaler Bedeutung, deren Beachtung aber gegen keine vorrangigeren Ziele verstößt. Bei der Bereitstellung von Gütern mit überregionaler Bedeutung, wie beispielsweise der schulischen Bildung ist eine zentrale Bereitstellung sinnvoll, wenn die regionalen Präferenzen sich nicht wesentlich unterscheiden. Das Niveau und die Qualität der Schulen sollten landesweit für alle Kinder vergleichbar sein, damit kein Kind benachteiligt ist (Scherf 2011: 199; Hüther/Hafermann 2012: 348). Landesregierungen können aber nicht nur für eine präferenzgerechte Bereitstellung öffentlicher Leistungen sorgen, sondern erhalten durch mehr Gesetzgebungskompetenz auch mehr Verantwortung für ihre Finanzpolitik. Demzufolge werden die finanzpolitischen Entscheidungen für die Bürger transparenter, wenn das Zusammenspiel der von ihrem Land angebotenen Leistungen und die von ihnen gezahlten Steuern für sie nachvollziehbar sind (Margedant 2012: 580). Eine Regionalisierung der Erbschaftsteuer könnte ferner zu mehr politischer Kontrolle beitragen Die Landesregierungen können, in Verbindung mit einem anreizgerechteren Finanzausgleich, noch mehr Eigenverantwortung für ihre Bürger übernehmen. Den Ländern obliegt es nämlich selbst, inwieweit sie ihre Erbschaftsteuerquelle ausreizen. Allerdings werden negative Konsequenzen, die aus falschen Entscheidungen resultieren, nicht mehr durch den Finanzausgleich revidiert. Das heißt, wenn ein Land seinen Erbschaftsteuertarif so weit senkt, dass die Einnahmen die Ausgaben nicht mehr decken, so wird dieses Finanzloch nicht mehr durch einen angepassten Finanzausgleich korrigiert. Schließlich ist es für die Landespolitiker auch nicht mehr möglich, die Verantwortung auf den Bund abzuwälzen. Sie müssen sich vielmehr selbst für ihre finanzpolitischen Entscheidungen öffentlich verantworten (Büttner/Schwager 2003: 533; Kitterer 2007: 1; Hüther/Hafermann 2012: 339–340).

Weiterhin ist zu untersuchen, ob eine Regionalisierung der Erbschaftsteuer dem Maßstab des *Leistungsfähigkeitsprinzips* gerecht wird. Das Leistungsfähigkeitsprinzip verfolgt das Ziel, einer gleichmäßigen Verteilung der Erbschaftsteuerlast entsprechend der wirtschaftlichen Leistungsfähigkeit des Steuerpflichtigen. Das Leistungsfähigkeitsprinzip wird demnach berücksichtigt, wenn die Länder an einem progressiven Steuertarif festhalten. Allerdings ist zu beachten, dass die Länder im Zuge einer Übertragung der Gesetzgebungshoheit eine Vielzahl an Stellschrauben besitzen, um ihr eigenes Erbschaftsteuerrecht zu gestalten. Aus diesem Grund ist es nur schwer möglich, eine eindeutige Aussage bezüglich der Berücksichtigung des Leistungsfähigkeitsprinzips zu treffen. Eine dezentrale Erhebung der Erbschaftsteuer würde allerdings gegen den allgemeinen Gleichheitsgrundsatz (Art. 3 Abs. 1 GG) verstoßen, wenn eine Gruppe von Steuerpflichtigen gegenüber einer anderen Gruppe steuerlich abweichend behandelt werden würde, wenngleich zwischen diesen Gruppen keine bedeutenden Unterschiede bestehen, die eine Ungleichbehandlung begründen (BVerfG 2002: 357). Wenn die Ausgestaltungen und die Erhebung der Erbschaftsteuer den Ländern obliegen, können sie über die Höhe der Steuersätze sowie über die Bemessungsgrundlage eigenständig entscheiden. Die Länder haben dann auch die Freiheit, darüber zu bestimmen, ob sie die Erbschaftsteuer abschaffen oder weiterhin erheben. Es stellt sich allerdings als problematisch dar, wenn sich Bundesländer für eine Abschaffung entscheiden und andere weiterhin eine Erbschaftsteuer erheben. Zwar wird der Aspekt der steuerlichen Belastung der Steuerpflichtigen nach ihrer wirtschaftlichen Leistungsfähigkeit weiterhin berücksichtigt, allerdings fordert der Gleichheitsgrundsatz eine gleichmäßige Verteilung der Lasten nach der wirtschaften Leistungsfähigkeit hinsichtlich der Erbschaftsteuererhebung (Hey 2012: 93). Es ist demnach fraglich, ob eine gerechte Besteuerung gewährleistet ist, wenn ein Erbe eine Erbschaftsteuer abzuführen hat, weil der Erblasser seinen letzten Wohnsitz in einem Land hatte, das die Erbschaftsteuer weiterhin erhebt. Ein Erbe einer Erbschaft, dessen Erblasser in einem Land seinen Wohnsitz zuletzt hatte, das keine Erbschaftsteuer erhebt, muss somit keine Steuer abführen. Somit würde eine Gruppe von Steuerpflichtigen (deren Erblasser in einem erbschaftsteuerfreien Bundesland wohnhaft war) verglichen mit einer anderen Gruppe Steuerpflichtiger (deren Erblasser in einem Bundesland wohnhaft war, das eine Erbschaftsteuer erhebt) steuerlich anders behandelt werden. Diese Ungleichbehandlung gleicher Sachverhalte verstößt somit gegen den Gleichheitsgrundsatz und bedarf einer in Abhängigkeit des Art. 3 Abs. 1 GG verfassungsrechtlichen Rechtfertigung, um bestehen zu dürfen (Holthaus 2011: 168). Da sich im Rahmen des Gleichheitsgrundsatzes auf die „Natur der Sache" berufen wird, ist dessen Anwendung nicht leicht und lässt viel Spielraum für Interpretationsmöglichkeiten (Starck 1982: 60 f.). Laut Eckhoff werden fiskalisch motivierte Aspekte für eine Begründung der steuerlichen Ungleichbehandlung genügen müssen, wenn lediglich ein sinnvoller Grund für eine Differenzierung gesucht wird (Eckhoff 1999: 67 f.).

b. (2)   Regionalisierung im Rahmen einer Niedrigsteuer

Im Sinne einer Niedrigsteuer ist eine Steuersenkung der noch aktuell hohen Steuersätze von bis zu 50 %[17] möglich. Laut den Ergebnissen einer Studie von Houben und Maiterth, in der die Vorteilhaftigkeit niedriger Erbschaftsteuersätze ohne sachliche Steuerbefreiungen mit einer breiten Bemessungsgrundlage untersucht wurde, würde sich eine solche Steuersenkung positiv auf die Steuermoral und die allgemeine Akzeptanz der Erbschaftsteuer der Gesellschaft auswirken (Houben/Maiterth 2009: 19).

Der Eintritt eines *Steuerwettbewerbs* (Steuersenkungen) ist nach Einführung einer Niedrigsteuer nicht zu erwarten. Die Teilregionalisierung dient als Schutzmechanismus gegen eine Anhebung der Steuersätze nach der Einführung einer Niedrigsteuer. Der Bund würde nämlich im Rahmen eines Steuerwettbewerbs unter den Ländern den direkten Zugriff auf die Steuersätze verlieren. Weiterhin haben aufkommensschwache Länder wie die neuen Bundesländer Sachsen, Brandenburg, Sachsen-Anhalt, Thüringen und Mecklenburg-Vorpommern einerseits einen Anreiz, ihre Steuersätze zu senken, um mit niedrigen Steuersätzen abwanderungsbereite Steuerpflichtige anziehen und somit ihr Aufkommen zu steigern. Andrerseits erhalten diese Länder als Nehmerländer Transferzahlungen aus dem Länderfinanzausgleich. Ihr Interesse ist daher gering, die Steuersätze so weit zu senken, dass sie keinen Anspruch mehr auf Transferzahlungen haben. Es ist wahrscheinlicher, dass die aufkommensstarken Länder Bayern, Hessen und Baden-Württemberg ihre Steuersätze senken, weil der Länderfinanzausgleich in diesen Ländern den zu erwartenden Ausfall an Einnahmen einschränkt. Der Anreiz der Länder, ihre Steuersätze zu erhöhen, wird durch den Länderfinanzausgleich und die dargestellten Auswirkungen eines Steuerwettbewerbs gemindert. Es ist zu erwarten, dass der eingeführte niedrige Steuertarif einer Niedrigsteuer unverändert bleibt und praktisch „eingefroren" wird (Fichte 2013: 180). Die eingeschränkte Steuerautonomie[18] begrenzt den Anreiz für politische Entscheider, den Steuertarif nach Einführung einer Niedrigsteuer zu erhöhen. Mit Steuererhöhungen sind Reaktionen auf Seiten der Steuerpflichtigen verbunden. Beispielsweise ist eine Wanderbewegung wie bei einer vollständigen Regionalisierung zu erwarten. Das bedeutet, dass falls ein Land seinen Erbschaftsteuersatz erhöht, der Steuerpflichtige, mit einem Wohnsitzwechsel in ein Bundesland mit einem geringeren Steuersatz, der zusätzlichen Steuerlast ausweichen

---

[17] Steuerklasse II und III: 30 % im Rahmen der Niedrigsteuer; aktuell 50 %;
Steuerklasse I mit einem Spitzensteuersatz: 18 % im Rahmen der Niedrigsteuer, aktuell 30 %.
[18] Die Länder entscheiden nur über die Höhe der Steuersätze und Freibeträge.

kann. Eine Steuererhöhung würde somit nicht zu einem höher geplanten Steueraufkommen führen. Weiterhin wird eine Dämpfung der Steuererhöhung durch den horizontalen Länderfinanzausgleich unterstützt. Die Länder, die in den Länderfinanzausgleich einzahlen, wie Bayern, Hessen und Baden-Württemberg, können von einem zusätzlich generierten Euro nur einen geringen Anteil (2007 lag dieser Anteil bei 40 %) behalten (BDI/vbw/Deloitte 2007: 78). Die anderen Nehmerländer können bei Mehreinnahmen pro Euro lediglich zwischen 15 % und 20 % für sich in Anspruch nehmen. Dieser Ausgleichsmechanismus zwischen den Ländern, die in den Länderfinanzausgleich einzahlen, und den Nehmerländern verringert somit die Attraktivität einer Steuererhöhung. Somit zeigt sich, dass eine erhöhte Steuerautonomie der Länder einen disziplinierenden Einfluss auf ihre Politik ausübt (Fichte 2013: 180).

Der *Umverteilungsaspekt* stellt einen weiteren Vorteil der Niedrigsteuer dar. Durch die Einführung eines progressiven Grenzstufentarifs bleiben die Umverteilungswirkungen, die von der Erbschaftsteuer ausgehen, weiterhin bestehen. Dem Bereicherten wird durch die Erbschaftsteuerpflicht ein Teil dieser Bereicherung entzogen. Dieser „Entzug" ist abhängig von der Höhe der Erbschaft. Durch den progressiven Steuertarif steigt der „Entzug" mit zunehmender Erbschaftshöhe. Folglich werden die Start- und Chancengleichheit der Erben angeglichen. Das Argument der Angleichung von Vermögensunterschieden und somit der Umverteilungseffekt werden zum einen vor dem Hintergrund des niedrigen Steueraufkommens abgeschwächt und zum anderen, weil die Länder keine echte Umverteilung vornehmen (im Sinne einer Umverteilung an die weniger Vermögenden), sondern die Erbschaftsteuer selbst vereinnahmen (Scherf 2011: 388; Tipke 2003: 875 f.).

Die Niedrigsteuer reduziert den *administrativen Aufwand* der Erbschaftsteuer und ist somit ein zusätzlicher Vorteil dieser Reform. Im Zuge des Wegfalls der komplexen Steuervergünstigungen sinkt der Verwaltungsaufwand in den Behörden, weil die Mitarbeiter weniger Zeit für die Bearbeitung und Prüfung der einzelnen Steuervergünstigungen aufbringen müssen. Den Einnahmen aus der Erbschaftsteuer stehen damit niedrigere Erhebungsaufwendungen gegenüber, wodurch die Effizienz der Erbschaftsteuer erhöht werden kann (Seer 2013: 787). Im Zuge dieser verwaltungstechnischen Einfachheit steigert eine Niedrigsteuer die Effizienz der Erbschaftsteuer, weil der Erhebungsaufwand für den Steuerzahler zum einen und der Erhebungsaufwand für das Finanzamt zum anderen reduziert werden könnten. Weiterhin führt diese Einfachheit zu einer besseren Planung der tatsächlichen Steuerbelastung für die Bürger und Unternehmen, weil weniger Ausnahmeregelungen vorhanden sind, die berücksichtigt werden müssen. Wie auch bei der vollständigen Übertragung der Gesetzgebungskompetenz auf die Länder wäre im Rahmen einer Niedrigsteuer eine vollständige Übertragung der Gesetzgebungshoheit auf die Länder verfassungsrechtlich erlaubt (Wernsmann 2008: 40). Jedoch steigt bei einer Niedrigsteuer der Verwaltungsaufwand für die Steuerpflichtigen, weil 16 verschiedene Erbschaftsteuersätze sowie unterschiedlich hohe Freibeträge in Deutschland existieren. Wenn beispielsweise im Rahmen eines Erbfalls mehrere Länder betroffen sind, weil Grundstücke in anderen Ländern gelegen sind und der Erblasser gleichzeitig seinen Wohnsitz in einem anderen Land hat, erhöht sich der Verwaltungsaufwand des Steuerpflichtigen. Besonders aufwendig würde sich diese Vielzahl an Erbschaftsteuergesetzen auf Familienbetriebe auswirken, die ihre Standorte in mehreren Bundesländern besitzen. Die Steuerpflichtigen sind bei der Übertragung des Unternehmens einem hohen Aufwand ausgesetzt, weil sie die erbschaftsteuerliche Rechtslage überprüfen müssen (BDI/vbw/Deloitte 2007: 82). Bei der Grunderwerbsteuer ist eine Erhöhung der Steuersätze für die Länder im Zusammenhang mit dem Länderfinanzausgleich attraktiv. Damit ein solcher Anreiz der Steuererhöhung bei der Erbschaftsteuer vermieden wird, ist es wichtig, dass die Rahmengesetzgebung weiterhin vom Bund geregelt wird. Die Regelungen zur Anrechnung auf das Erbschaftsteueraufkommen im Länderfinanzausgleich sollten weiterhin nicht derart umgestaltet werden, sodass ein Anreiz zur Steuererhöhung für die Länder entsteht (Fichte 2013: 179). Der Bund entscheidet folglich über die Abwendung der *Gefahr einer Doppelbesteuerung*. Ihm obliegt das Recht zu entscheiden, ob die Erbschaftsteuer als eine Erbanfallsteuer oder als eine Nachlasssteuer ausgestaltet werden soll. Diese Verteilung der Kompetenzen auf Bund und Länder verhindert eine Rechtszersplitterung und vermeidet eine Notwendigkeit von Doppelbesteuerungsabkommen zwischen den Ländern (Wernsmann 2008: 41). Ferner ist eine Regelung zur Vermeidung einer Doppelbesteuerung der Erbschaft mit der Erbschaftsteuer und der Einkommensteuer notwendig. Bei der Auflösung stiller Reserven unterliegen diese nicht nur der Erbschaftsteuer, sondern auch der Einkommensteuer. Zukünftige Einkommensteuerzahlungen sollten daher anteilig um den Betrag reduziert werden, der bereits als Erbschaftsteuer bezahlt wurde. Derzeit ist eine Anrechnung nur fünf Jahre nach der Erbschaft möglich und auch nur dann, wenn ein Erwerb von Todes wegen vorliegt. Diese Beschränkung ist steuersystematisch nicht zu rechtfertigen und sollte daher abgeschafft werden (Richter/Welling 2012: 1024). Ziel einer Niedrigsteuer ist es aber, mithilfe eines flachen Steuertarifs für alle Steuerpflichtigen eine niedrige und bezahlbare sowie eine planbare Steuer sicherzustellen. Eine Entlastung des Geld- und Aktienvermögens im Rahmen einer Niedrigsteuer wirkt sich wirtschaftspolitisch positiv aus. Die Finanzmittel können zur Stärkung des unternehmerischen Eigenkapitals, für Investitionen oder Existenzgründungen genutzt werden. Somit zeigt sich, dass Geld- und Aktienvermögen, das vererbt wird, aus ökonomischer Sicht kein „totes Kapital" darstellt (Fichte 2013: 174).

Als ein Nachteil der Niedrigsteuer kann die weiterhin bestehende *Anreizproblematik* der Länder angeführt werden. Grund hierfür ist der unveränderte Länderfinanzausgleich. Finanzstarke als auch finanzschwache Länder beurteilen den Länderfinanzausgleich als unfair (Fuest/Thöne 2009: 20–22). Es fehlt den finanzschwachen Bundesländern das Interesse, die Erbschaftsteuer weiter auszubauen, weil sie bei zu niedrigem Steueraufkommen Hilfe aus dem Länderfinanzausgleich erhalten. Im Zuge eines Ausbaus der Erbschaftsteuer entstehen zusätzliche Kosten, die die Länder eigenständig tragen müssen. Zusätzlich reduziert sich infolge der entstehenden Mehreinnahmen ihr Anspruch auf Zahlungen aus dem Länderfinanzausgleich (Fuest/Thöne 2012: 271–291). Eine ähnliche Problematik tritt bei den finanzstarken Ländern auf. Finanzstarke Länder, wie Bayern oder Baden-Württemberg, müssen ebenfalls ihr zusätzliches Aufkommen, das aus dem Ausbau und der Pflege der Erbschaftsteuer resultiert, in den Länderfinanzausgleich einzahlen (Fuest/Thöne 2009: 20–22). Somit bleibt auch nach Einführung der Niedrigsteuer die Anreizproblematik der Länder weiterhin bestehen.

Ferner stellt auch, wie bei einer vollständigen Regionalisierung der Erbschaftsteuer, eine *präferenzgerechtere Bereitstellung öffentlicher Leistungen* einen weiteren Vorteil dieser Reform dar. Durch die regional differierenden Steuersätze ist es den Ländern möglich, die Bereitstellung der öffentlichen Güter an die Bedürfnisse ihrer Bürger anzupassen. Mithilfe der Übertragung der Gesetzgebungshoheit auf die Länder wären sie in der Lage, selbstständig über die Bereitstellung öffentlicher Güter zu entscheiden (Büttner/Schwager 2003: 533; Hüther/Hafermann 2012: 348). Allerdings muss erneut darauf hingewiesen werden, dass die Möglichkeiten für eine präferenzgerechte Bereitstellung der öffentlichen Güter begrenzt sind. Zum einen liegt der Grund im geringen Erbschaftsteueraufkommen der Länder und zum anderen haben die Länder nur Einfluss auf die Höhe der Steuertarife und der Freibeträge, aber nicht auf die Rahmengesetzgebung. Die Bürger können im Rahmen einer teilweise regionalisierten

Erbschaftsteuer beim Leistungsangebot der Länder mitwirken, weil sie die politischen Entscheidungen auf einer dezentralen Ebene leichter beeinflussen können. Die Bürger müssen ihre Bedürfnisse bekanntgeben, um auf die Politiker und ihre kollektiven Entscheidungen Einfluss auszuüben. Durch diese Bürgernähe ist es den Ländern besser möglich als dem Bund, der regionalen Nachfrage der Bürger gerecht zu werden (Scherf 2011: 455). Eine regionale Bereitstellung ist allerdings nur bei Gütern mit einer regionalen Bedeutung sinnvoll. Andernfalls, wenn sich die regionalen Präferenzen nicht wesentlich voneinander unterscheiden, ist die Bereitstellung durch den Bund zu empfehlen. Daher ist die Vorteilhaftigkeit einer präferenzgerechteren Bereitstellung öffentlicher Leistungen durch eine Teilregionalisierung begrenzt (Hüther/Hafermann 2012: 348). Weiterhin haben die Länder durch mehr Steuerautonomie mehr Einfluss auf ihre Finanzpolitik. Finanzpolitische Entscheidungen der Länder werden für die Bürger transparenter. Sie erkennen einen besseren Zusammenhang zwischen ihren gezahlten Steuern und den vom Land angebotenen öffentlichen Leistungen (Margedant 2012: 580). Aufgrund der aktuell hohen Freibeträge werden nur wenige Bürger bei einer Erbschaft steuerpflichtig. Wenn nach einer Teilregionalisierung die Länder eigenständig über die Höhe der Freibeträge entscheiden dürfen, ist die Transparenz für die Bürger abhängig von dieser Höhe. Bei hohen Freibeträgen werden nur wenige Bürger einen Zusammenhang zwischen den vom Land bereit gestellten öffentlichen Gütern und der eigenen Steuerlast erkennen.

Neben den bisher analysierten Aspekten wird nun das *Leistungsfähigkeitsprinzip* zur Beurteilung der Niedrigsteuer herangezogen. Hierbei ist zu prüfen, ob die Niedrigsteuer dem Prinzip der Leistungsfähigkeit gerecht wird. Ziel des Leistungsfähigkeitsprinzips ist eine gleichmäßige Verteilung der Erbschaftsteuerlast entsprechend der wirtschaftlichen Leistungsfähigkeit des Steuerpflichtigen. Da alle Vermögenswerte im Rahmen der Niedrigsteuer zu Marktpreisen bewertet werden müssen, folgt diese Gleichbewertung dem Leistungsfähigkeitsprinzip und stellt eine verfassungskonforme Lösung dar, weil sie zu einer gleichmäßigen Lastenverteilung führt. Die Verbreiterung der Bemessungsgrundlage hat eine Abschaffung der ungleichen Verschonungsregeln zur Folge. Im Zuge von Gerechtigkeitsaspekten kann aktuell eine Verschonung von Betriebsvermögen gegenüber Privatvermögen, das keine Verschonungsregeln genießt, nicht gerechtfertigt werden. Eine Niedrigsteuer berücksichtigt dagegen eine Gleichmäßigkeit der Besteuerung und würde nicht wie die gegenwärtige Rechtslage die Bemessungsgrundlage durch zahlreiche Ausnahmeregelungen aushöhlen (Loose 2013:

106). Allerdings folgt die Niedrigsteuer hinsichtlich der niedrigen Steuersätze nicht dem Leistungsfähigkeitsprinzip. Wie in Kapitel 2 bereits erwähnt, ist unter der Annahme einer gesonderten Interpretation der steuerlichen Leistungsfähigkeit durch das Reinvermögenszugangsprinzip das Erbe als zusätzliches Einkommen zu besteuern (Meinecke 1999: 39). Es ist zu hinterfragen, warum Erbschaften, wenn sie im Sinne des Reinvermögenszugangsprinzips als zusätzliches Einkommen interpretiert werden, einer deutlich niedrigeren Besteuerung unterliegen als andere Einkommen. Somit reduziert sich das Nutzenniveau aller Steuerpflichtigen im gleichen Maße. Um eine Verbesserung des aktuellen Erbschaftsteuerrechts durch eine Reformierung erreichen zu können, muss das steuerliche Leistungsfähigkeitsprinzip als ein Fundamentalprinzip berücksichtigt werden, das alle Arten von Einkommen gleichmäßig besteuert. Somit stellt eine Niedrigsteuer kein konsistentes Steuersystem dar (Hey 2013: 69; Lehner 2009: 185; Breinersdorfer 2010: 2493).

Wie attraktiv die Steuer sein wird, ist abhängig vom Tarifverlauf. Wie Tabelle 4 zeigt, ist es möglich, die Höhe des aktuellen Aufkommens bei einer Halbierung der Steuersätze zu erhalten. Allerdings ist zu berücksichtigen, dass die Forderung nach einer Aufkommensneutralität kein zwingendes Kriterium ist. Ein solcher Tarifverlauf sollte nicht aus diesem Grund scheitern. Eine Tarifsenkung würde zum einen nur zu geringfügigen Mindereinnahmen der Länder führen. Zum anderen zeigt sich an der Grunderwerbsteuer, dass höhere Einnahmen auch die Folge von Steuersatzerhöhungen sein können (Fichte 2013: 172–173).

C. Fazit

Ausgangspunkt dieser Arbeit ist die derzeitige Prüfung des BVerfG betreffend die Verfassungsmäßigkeit des aktuell geltenden Erbschaftsteuerrechts. Grund hierfür sind Zweifel des BFH an den Steuervergünstigungen im Rahmen der Unternehmensnachfolge sowie der Übertragung von Betriebsvermögen. Laut BFH ist die Ungleichbehandlung von Privat- und Betriebsvermögen aufgrund fehlender Gemeinwohlgründe nicht gerechtfertigt. Es herrscht daher Unsicherheit über die Verfassungsmäßigkeit des aktuellen Erbschaftsteuerrechts. Diese Unsicherheit zeigt sich vor allem in einer Reihe von Nachbesserungen und Änderungen im Erbschaftsteuerecht. Beispiele hierfür sind das Wachstumsbeschleunigungsgesetz, das Jahressteuergesetz 2010, das Steuervereinfachungsgesetz 2011 und letztlich das Beitreibungsrichtlinie-Umsetzungsgesetz 2011 (Brüggemann/Stirnberg 2012: 20).

Die häufig kontrovers diskutierte Erbschaftsteuer zeigt, dass sie eines der wenigen politischen Themen ist, das die Emotionen in vergleichbarer Weise weckt (Beckert 2007: 26). In vielen Sachverhalten driften die Meinungen und Sichtweisen stark auseinander. Diese Meinungsunterschiede äußern sich zum Beispiel bei den Vorstellungen über die Bestimmung der Bemessungsgrundlage. Aber auch die Diskussionen über die Rechtfertigung der Erbschaftsteuer sorgen für Diskordanz und eine geringe Akzeptanz der Steuer in Deutschland.

In der vorliegenden Arbeit wurde daher das vom BFH angezweifelte, geltende Erbschaftsteuerrecht dargestellt und anhand von Gerechtigkeits- und Effizienzkriterien bewertet. Die Analyse hat gezeigt, dass keine eindeutige Aussage darüber möglich ist, inwieweit das aktuelle Erbschaftsteuerrecht im Einklang mit dem Leistungsfähigkeitsprinzip und dem damit verbundenen Gleichheitsgrundsatz des Art. 3 Abs. 1 GG, hinsichtlich des ausstehenden Urteils des BVerfG bezüglich der steuerlichen Ungleichbehandlung von Privat- und Betriebsvermögen, steht. Zusätzlich wurde die Erbschaftsteuer als ökonomisch ineffizient identifiziert. Diese Ineffizienz äußert sich zum einen in den unverhältnismäßig hohen Erhebungskosten (im Verhältnis zum generierbaren Steueraufkommen) der Erbschaftsteuer und zum anderen in der Beeinflussung der Verhaltensweisen der Erben und Erblasser durch die Erbschaftsteuer. Besonders das Spar- und Konsumverhalten des Erblassers ist von der Erbschaftsteuer abhängig, sodass ein Einkommens- und Substitutionseffekt ausgelöst wird. Beide Effekte gleichen sich in der Summe jedoch aus, sodass die Erbschaftsteuer nicht immer durch zusätzliches Sparen ausgeglichen wird und trotzdem werden die Anreize des Erblassers zum Sparen und zur Bildung von Vermögen nicht vernichtet. Somit muss der Erblasser einen Teil der Steuerlast selbst tragen. Nur im Falle von Zufallserbschaften hat die Erbschaftsteuer keinen Einfluss auf das Spar- und Konsumverhalten des Erblassers und führt somit nicht zu gesamtwirtschaftlichen Verzerrungen. Aufgrund dieser Argumente sollten nicht wie bisher lediglich Nachbesserungen am bestehenden Regelwerk vorgenommen werden, die eventuell nach kürzester Zeit erneut hinsichtlich ihrer Verfassungsmäßigkeit auf dem Prüfstand stehen. Nach der Entscheidung des BVerfG ist daher eine grundlegende Reformierung des Erbschaftsteuerrechts zu empfehlen. Vor diesem Hintergrund wurden in dieser Arbeit zwei Konzepte einer Regionalisierung der Erbschaftsteuer (vollständige Regionalisierung und Regionalisierung im Rahmen eine Niedrigsteuer) vorgestellt. Eine gut funktionierende, dezentralisierte Erbschaftsteuer wird aktuell bereits in der Schweiz erhoben. Anhand ausgewählter Kriterien wurde untersucht, ob diese Lösungskonzepte auch eine sinnvolle Alternative in Deutschland darstellen, die Erbschaftsteuer künftig gerecht und beständig zu gestalten.

Die kritische Würdigung hat gezeigt, dass die Wahrscheinlichkeit des Eintritts eines *Steuerwettbewerbs* im Zuge einer vollständigen Regionalisierung mit einem angepassten Länderfinanzausgleich nicht genau bestimmt werden kann. Es sprechen Argumente für einen Eintritt, aber auch gegen einen Eintritt eines Steuerwettbewerbs. Zum einen zeigen die Vergleiche mit dem Nachbarland Schweiz und der Gewerbesteuer in Deutschland, dass das Eintreten eines Steuerwettbewerbs in Deutschland nicht zu erwarten ist. Auf der anderen Seite verzeichnete Australien eine vollständige Erosion des Erbschaftsteueraufkommens nach einer Dezentralisierung der Erbschaftsteuer. Zudem besteht eine begrenzte Wanderungsbereitschaft der älteren Bevölkerung laut einer Statistik des statistischen Bundesamts, sodass die über 64-Jährigen Personen ihren Wohnsitz in einem Bundesland wählen, in dem die Erbschaftsteuer gering ist. Diese Wanderungsbereitschaft der älteren Bevölkerung unterstützt die Wahrscheinlichkeit des Eintretens eines Steuerwettbewerbs, weil Steuersenkungen die Attraktivität eines Landes erhöhen können. Die mögliche Intensität eines Steuerwettbewerbs ist dabei abhängig von den Startchancen der einzelnen Länder. Weil die Startchancen zwischen den Ländern allerdings sehr unterschiedlich sind, ist zu vermuten, dass sich die Schere zwischen den armen und reichen Bundesländern vergrößern wird. Im Vergleich zur vollständigen Regionalisierung ist ein Steuerwettbewerb im Zuge einer Niedrigsteuer allerdings nicht zu erwarten. Die ostdeutschen Bundesländer könnten zwar ihre Steuersätze senken und ihre Freibeträge erhöhen, allerdings würde sich ihr Anspruch auf Transferleistungen aus dem Länderfinanzausgleich im gleichen Maße reduzieren. Aufkommensstarke Länder haben einen höheren Anreiz, ihre Steuersätze zu senken, weil sich ihre Einzahlungshöhe in den Länderfinanzausgleich durch eine Steuersenkung mindert. Der Anreiz einer Steuererhöhung ist durch den Länderfinanzausgleich und die Auswirkungen eines Steuerwettbewerbs nicht gegeben. Es ist als wahrscheinlich anzusehen, dass der eingeführte niedrige Steuertarif unverändert bleibt und somit kein Steuerwettbewerb eintreten wird. Mit einer eigenständigen Bestimmung der Bemessungsgrundlage im Rahmen unterschiedlicher Steuersätze, uneinheitlichen Wertermittlungen von Vermögensgegenständen und unterschiedlich hohen Freibeträgen steigt der *administrative Aufwand* nach einer vollständigen Regionalisierung für jedes Bundesland und mindert somit die *Effizienzwirkungen* dieser Reform. Im Rahmen einer Niedrigsteuer wird die Rahmengesetzgebung weiterhin vom Bund geregelt, sodass nur die Steuersätze und Freibeträge von den Ländern eigenständig bestimmt werden können. Weiterhin fallen die Verschonungsregeln weitgehend weg, sodass im Hinblick auf eine verwaltungstechnische Einfachheit eine effizientere Erbschaftsteuer erzielt werden würde. Zusätzlich sind niedrigere Steuersätze als ökonomisch effizient einzustufen. Eine regional differenzierte Erbschaftsteuer stellt eine Möglichkeit dar, die *Anreizproblematik* des Länderfinanzausgleichs zu beseitigen. Durch die eigene Bestimmung der Einnahmenseite führt die Ausschöpfung der eigenen Steuerquellen zu solideren öffentlichen Länderhaushalten. Der zusätzliche Handlungsspielraum über die Einnahmenseite zwingt die Länder, mehr Verantwortung für ihre Haushalte zu übernehmen. Eine nachhaltige Haushaltsführung wäre somit die Folge. Im Zuge einer Niedrigsteuer bleibt die Anreizproblematik dagegen weiterhin bestehen, weil es hier nicht zu einer Anpassung des Länderfinanzausgleichs kommt. Somit haben aufkommensstarke Länder keinen Anreiz, ihr Steueraufkommen zu erhöhen, da die zusätzlichen Einnahmen in den Länderfinanzausgleich eingezahlt werden müssen. Aufkommensschwache Länder haben ebenfalls keinen Anreiz, mehr Einnahmen zu generieren, weil sich ihr Anspruch auf Zahlungen aus dem Länderfinanzausgleich schmälert. Ein Vorteil, den beide Reformmodelle mit sich bringen, ist die *präferenzgerechtere Bereitstellung öffentlicher Leistungen*. Die Länder können aufgrund der Verlagerung der Gesetzgebungskompetenzen eigenständig über die Bereitstellung der öffentlichen Güter entscheiden. Die Effizienzwirkungen einer vollständigen Regionalisierung werden durch die Wanderungsbewegungen, die durch eine regional unterschiedliche Erbschaftsteuer ausgelöst werden, gemindert. Die Bereitschaft der älteren Bevölkerung, den Wohnsitz zu wechseln, wird durch die Erbschaftsteuer beeinflusst. Diese Wanderungsbereitschaft ist somit ökonomisch nicht effizient, weil die Erbschaftsteuer das Verhalten des Erblassers beeinflusst. Hinsichtlich des *Leistungsfähigkeitsprinzips* kann im Rahmen einer vollständigen Regionalisierung keine eindeutige Aussage getroffen werden. Der Gestaltungsspielraum der Länder ist zu umfangreich, um präzise Schlussfolgerungen für die Berücksichtigung des wirtschaftlichen Leistungsfähigkeitsprinzips ziehen zu können. Im Falle einer Niedrigsteuer halbieren sich die aktuellen Steuersätze. Vor dem Hintergrund der Reinvermögenszugangstheorie, nach der Erbschaften als zusätzliches Einkommen interpretiert werden, werden Erbschaften infolge einer Niedrigsteuer deutlich niedriger besteuert als Einkommen. Daher wird das Leistungsfähigkeitsprinzip nicht berücksichtigt. Ferner gehen *Verteilungswirkungen* von der Erbschaftsteuer aus, wenn sich die Länder bei einer vollständigen Regionalisierung für progressive Steuersätze entscheiden. Gleiches gilt für die Niedrigsteuer, da ein progressiver Grenzstufentarif eingeführt werden würde. *Die Gefahr der Doppelbesteuerung* besteht weder bei einer vollständigen Regionalisierung noch bei einer Niedrigsteuer. Im Falle einer vollständigen Regionalisierung verhindern die abgeschlossenen Doppelbesteuerungsabkommen zwischen den Ländern eine Mehrfachbelastung einer Erbschaft durch zwei Länder. Wenn alle 16 Länder untereinander Doppelbesteuerungsabkommen abschließen, wird durch die Vielzahl die Komplexität und somit der Verwaltungsaufwand erhöht. Eine Verteilung der Gesetzgebungskompetenzen auf Bund und Länder im Zuge einer Niedrigsteuer mindert die Gefahr einer Doppelbesteuerung, weil die Rahmengesetzgebung weiterhin beim Bund liegt.

Zuletzt muss jedoch berücksichtigt werden, dass das Aufkommen aus der Erbschaftsteuer sehr gering ist. Daher stellen vermeintlich positiv wirkende Argumente wie die Beseitigung der Anreizproblematik, der Befriedigung regionaler Präferenzen und der Verteilungswirkung keine wirklichen Vorteile dieser Reformvorschläge dar. Das zuvor dargestellte wird nochmals überblicksartig in Tabelle 5 abgebildet.

Tabelle 5: Bewertung der Lösungskonzepte einer vollständigen Regionalisierung und einer Regionalisierung im Rahmen einer Niedrigsteuer

Bewertungskriterien	vollständige Regionalisierung	Niedrigsteuer
Steuerwettbewerb	−	+
Administrativer Aufwand	−	+
Beseitigung der Anreizproblematik	+/−	+/−
Regionale Präferenzen	+/−	+/−
Effizienz	−	+
Berücksichtigung des Leistungsfähigkeitsprinzips	( )	−
Verteilungswirkung	+/−	+/−
Vermeidung einer Doppelbesteuerung	+	+

Legende:

+   Vorteil

−   Nachteil

( )   Es ist keine eindeutige Aussage möglich

+/−   Es handelt sich zwar um einen Vorteil der Reform, dieser wird aber aufgrund des geringen Erbschaftsteueraufkommens neutralisiert

Quelle: Eigene Darstellung.

Resümierend stellt eine vollständige Regionalisierung keine praktikable Reformalternative zur Verbesserung der aktuellen Rechtslage dar. Eine Dezentralisierung führt lediglich zu einer Erhöhung des administrativen Aufwands für die Erhebung der Erbschaftsteuer. Sie verbessert weder das aktuelle Erbschaftsteuersystem noch werden die bestehenden Mängel beseitigt. Die aktuellen Probleme können durch eine föderal differenzierte Erbschaftsteuer nicht gelöst werden. Deshalb kann auch keine Rechts- und Planungssicherheit gewährleistet werden. Eine Niedrigsteuer stellt im Vergleich zu einer vollständigen Regionalisierung eine bessere Reformalternative dar. Es wäre sinnvoll, den Finanzausgleich zusätzlich anzupassen, damit die Anreizproblematik mit diesem Modell gelöst werden könnte. Allerdings ist die das Niedrigsteueralternative auch aufgrund der Gerechtigkeitsproblematik mit Nachteilen, wie Tabelle 5 zeigt, behaftet. Dadurch kann kein konsistentes und beständiges Steuersystem hergestellt werden. Es stellt sich schließlich die Frage, welche wesentlichen Unterschiede zwischen der Schweiz und Deutschland bestehen, dass eine Regionalisierung der Erbschaftsteuer in der Schweiz gut funktioniert, aber für Deutschland keine geeignete Alternative darstellt.

Neben dem Vorschlag einer Regionalisierung der Erbschaftsteuer, der sich als nicht sinnvoll erwiesen hat, bestehen weitere Möglichkeiten, die Erbschaftsteuer zu reformieren. Beispielsweise wäre eine Anrechnung der Erbschaftsteuer auf die Einkommensteuer denkbar, bei der Erbschaften eine zusätzliche Einkommensart darstellen. Die Stärken dieses Vorschlags liegen in der Chance zur Erhöhung des Steueraufkommens bei gleichzeitiger Anbindung an die Steuerprogression der Einkommensteuer (Beckert 2007: 26). Weiterhin ist auch eine Ausgestaltungsform, angelehnt an die Gewerbesteuer, denkbar, nach welcher die Länder einen eigenen Hebesatz auf den Steuermessbetrag anwenden dürfen. Das Aufkommen aus der Erbschaftsteuer sollte dabei zusätzlich den Ländern zugesprochen werden. Um jedoch beurteilen zu können, inwieweit diese Vorschläge zur Verbesserung der aktuellen Rechtslage geeignet sind, sind weitere Untersuchungen notwendig.

Infolgedessen ist das ausstehende Urteil des BVerfG bezüglich der Zweifel des BFH an der Verfassungsmäßigkeit entscheidend für die Zukunft der Erbschaftsteuer in Deutschland.

Literaturverzeichnis

Abgabenordnung (AO), in der Fassung der Bekanntmachung vom 1. Oktober 2002 (BGBl. I S. 3869, ber. 2003 I S. 61), mit späteren Änderungen.

AmtshilfeRLUmsG (2013), AmtshilfeRLUmsG v. 26.06.2013, in: *BGBl. I 2013*, S. 1809–1846.

Andel, N. (1998), Finanzwissenschaft, 4. Auflage, Tübingen.

Arndt, H.-W. (1988), Gleichheit im Steuerrecht, in: *NVwz*, S. 787–794.

Bach, S./Broeckelschen, W./Maiterth, R. (2006), Gleichmäßige erbschaftsteuerliche Behandlung von Grund- und Betriebsvermögen. Anmerkung zum anstehenden Bundesverfassungsgerichtsurteil, in: *Deutsches Steuerrecht*, Heft Nr. 44, S. 1961–1968.

Bach, S./Houben, H./Maiterth, R./Schupp, J. (2007), Erbschaftsteuerreform: Gleichmäßige Vermögenserfassung und niedrigere Steuersätze statt selektiver Besteuerung, DIW Berlin, German Institute for Economic Research, The German Socio-Economic Panel Study, Paper 52, Berlin.

Bach, S./Houben, H./Maiterth, R./Ochmann, R. (2014), Aufkommens- und Verteilungswirkungen von Reformalternativen für die Erbschaft- und Schenkungsteuer, DIW Berlin, German Institute for Economic Research, The German Socio-Economic Panel Study, Paper 83, Berlin.

BDI/vbw/Deloitte (2007), Unternehmensvermögen im Fokus – Leitfaden zu den Anforderungen, Vorgaben und Positionen zur Reform der Erbschaft- und Schenkungsteuer im Herbst 2007 (Eine Zusammenfassung der aktualisierten Beiträge),Schriftenreihe zur Erbschaftsteuerreform – Gesamtausgabe, Berlin und München.

Beckert, J. (2007), Wie viel Erbschaftsteuern, MPIfG working paper 07/4, Köln.

Beeck, V. (2012), Grundlagen der Steuerlehre: Prüfungsrelevantes Wissen zum Steuerrecht verständlich und praxisgerecht, 5. Auflage, Wiesbaden.

Berthold, N./Müller, A. (2010), Regionale Disparitäten in Deutschland – Auf dem Weg zu gleichwertigen Lebensverhältnissen?, in: *Wirtschaftsdienst*, S. 591–597.

BFH (2002), BFH v. 22.5.2002 II R 61/99, in: *BStBl. II 2002*, S. 598–616.

BFH (2012), BFH v. 27.9.2012 II R 9/11, in: *BStBl. II 2012*, S. 899–917.

Birk, D. (2014), Steuerrecht, 17. Auflage, Heidelberg, München, Landsberg, Frechen, Hamburg.

Blankart, C. (2011), Öffentliche Finanzen in der Demokratie, 8. Auflage, München.

Blumkin, T./Sadka, E. (2001), Estate Taxation, CES ifo Working Paper, No. 558, München.

BMF (2013), Bund/Länder Finanzbeziehungen auf der Grundlage der Finanzverfassung, http://www.bundesfinanzministerium.de/Content/DE/Standardartikel/Themen/Oeffentli che_Finanzen/Foederale_Finanzbeziehungen/Grundlagen/2014-02-25-grundlagen-der-foederalen-finanzbeziehungen-anlage1_2013.pdf?__blob=publicationFile&v=1, (aufgerufen am 16.11.2014).

BMF (2014), Kassenmäßige Steuereinnahmen nach Steuerarten und Gebietskörperschaften (Aktuelle Ergebnisse) (aufgerufen am 16.09.2014).

Boss, A. (2003), Steuerharmonisierung oder Steuerwettbewerb?, Kieler Arbeitspapier Nr. 1178, Kiel.

Breinersdorfer, S. (2010), Abzugsverbot und objektives Nettoprinzip – Neue Tendenzen in der verfassungsgerichtlichen Kontrolle des Gesetzgebers, in: *Deutsches Steuerrecht*, Heft Nr. 49, S. 2492–2497.

Brügelmann, R./Fuest, W. (2008), Erbschaftsteuerreform – Eine halbherzige Lösung, in: *Beiträge zur Ordnungspolitik aus dem Institut der deutschen Wirtschaft*, Nr. 34, Köln.

Brüggemann, G./Stirnberg, M. (2012), Erbschaftsteuer, Schenkungsteuer, 9. Auflage, Achim: Fleischer.

Brümmerhoff, D. (2011), Finanzwissenschaft, 10. Auflage, München.

Brunner, J./Pech S. (2010), Optimum taxation of inheritances, Linz.

Bruns, J. (2014), Erbschaft- und Schenkungsteuerrecht, in: Jesgarzewski, T./Schmittmann, J. M. (Hrsg.), *Steuerrecht*, Wiesbaden, S. 192–266.

BT-Drs. (2008), Entwurf eines Gesetzes zur Stärkung der Steuerautonomie in den Ländern (Erbschaftsteuerreformgesetz), Nr. 16/10309 v. 23.09.2008, Berlin.

Büttner, T./Schwager, R. (2003), Länderautonomie in der Einkommensteuer: Konsequenzen eines Zuschlagsmodells, in: Wagner, A./Strecker, H. (Hrsg.), *Jahrbuch für Nationalökonomie und Statistik*, Stuttgart, S. 532–555.

Bundesamt für Statistik (2014), Einnahmen der Gemeinden, http://www.bfs.admin.ch/bfs/portal/de/index/themen/18/02/blank/key/einnahmen_von_bund0/gemeinden.html (aufgerufen am 13.09.2014).

BVerfG (1976), BVerfG v. 23.11.1976, 1 BvL 150/75, in: *NJW 1977*, S. 241–242.

BVerfG (1980), BVerfG v. 10.12.1980, 2 BvF 3/77, in: *NJW 1981*, S. 329.

BVerfG (1990), BVerfG v. 29.5.1990, 1 BvL 20/84, in: *NJW 1990*, S. 2869–2876.

BVerfG (1995), BVerfG v. 22.6.1995, 2 BvR 552/91, in: *BStBl. II 1995*, S. 671–675.

BVerfG (2002), BVerfG v. 4.12.2002, 2 BvR 40/98, 2 BvR 1735/ 00, in: *DStZ 2003*, S. 356–357.

BVerfG (2006), BVerfG v. 7.11.2006,1 BvL 10/02, in: *BStBl. II 2007*, S. 192.

Crezelius, G. (1999), Rechtfertigung der Erbschaft- und Schenkungsteuer, in: Birk, D. (Hrsg.), *Steuern auf Erbschaft und Vermögen*, DStJG 22, Köln, S. 73–126.

Deubel, I. (2007), Mehr Steuerautonomie der Bundesländer? Sind die notwendigen Voraussetzungen erfüllbar?, in: *Zeitschrift für Staats- und Europawissenschaften*, Heft Nr. 2, S. 218–234.

Eckhoff, R. (1999), Rechtsanwendungsgleichheit im Steuerrecht, Die Verantwortung des Gesetzgebers für einen gleichmäßigen Vollzug des Einkommensteuerrechts, 1. Auflage, Köln.

ESTV (2013), Kurzer Überblick über die Erbschafts- und Schenkungssteuer, http://www.estv.admin.ch/dokumentation/00079/00080/00736/index.html?lang=fr%3E (aufgerufen am 13.09.2014).

Erbschaftsteuer- und Schenkungsteuergesetz (ErbStG), in der Fassung der Bekanntmachung vom 27. Februar 1997 (BGBl. I S. 378), das zuletzt durch Artikel 30 des Gesetzes vom 26. Juni 2013 (BGBl. I S. 1809) geändert worden ist.

Fichte, D. (2013), Erbschaftsteuer, in Bausteine für eine Reform des Steuersystems: Das DSi-Handbuch Steuern, DSi Schrift No. 1, S. 143–184.

Fuest, C. (2008), Würde mehr Steuerautonomie die finanzschwachen Bundesländer benachteiligen?, in: *KritV – Kritische Vierteljahresschrift für Gesetzgebung und Rechtswissenschaft*, Heft Nr. 2, S. 200–212.

Fuest, C./Thöne, M. (2009), Reform des Finanzföderalismus in Deutschland, in: *Stiftung Marktwirtschaft*, Band 37, S. 1–120.

Fuest, C./Thöne, M. (2012), Der Finanzföderalismus in Deutschland und seine Reform, in: Härtel, I. (Hrsg.), *Handbuch Föderalismus – Föderalismus als demokratische Rechtsordnung und Rechtskultur in Deutschland*, Europa und der Welt, S. 265–321.

Funk, A. (2008), Gesamtdeutscher Erbschaftsteuer – Bei der Besteuerung von Nachlässen profitieren jene Bundesländer, in denen es kaum Erben gibt, in: *Der Tagesspiegel*, Nr. 20097, S. 4.

Gale, W./Slemrod, J. (2001), Rethinking Estate and Gift Taxation, Washington.

Gebel, D. (2013), Geschichte und Entwicklung der Erbschaftsteuer, in: Troll, M. (Hrsg.), *Erbschaftsteuer- und Schenkungsteuergesetz Kommentar*, 46. Auflage, München, Rn. 60–148.

Geck, R. (2007), Aktuelle Entwicklungen im Bereich der Erbschaft- und Schenkungsteuer, in: *Deutsche Notar-Zeitschrift*, Heft Nr. 4, S. 263–283.

Haas, R./Heil, M. (2012), Erbrecht, Erbschaftsteuer, Schenkungsteuer, 3. Auflage, Stuttgart.

Härtel, I. (2012), Die Gesetzgebungskompetenzen des Bundes und der Länder im Lichtes des wohlgeordneten Rechts, in: Härtel, I. (Hrsg.), *Handbuch Föderalismus – Föderalismus als demokratische Rechtsordnung und Rechtskultur in Deutschland, Europa und der Welt*, Heidelberg, S. 527–610.

Halaczinsky, R. (2000), Höhere Erbschaftsteuer für Immobilien? (2. Teil), in: *Betriebs-Berater*, S. 1649–1655.

Halaczinsky, R./Riedel, C. (2009), Das Neue Erbschaftsteuerrecht, 1. Auflage, Bonn.

Hey, J. (2007), Perspektiven der Erbschaftsteuer, Redefassung – Vortrag bei der Hans Seidel Stiftung, Paper, Köln, http://www.hss.de/downloads/070119_Vortrag_Hey.pdf (aufgerufen am 16.11.2014).

Hey, J. (2013), § 3 Steuersystem und Steuerverfassungsrecht, in: Tipke, K./Lang, J., *Steuerrecht*, 21. Auflage, Köln, S. 59–129.

Hey, J./Maiterth, R. / Houben, H. (2012), Zukunft der Vermögensbesteuerung, IFSt-Schrift Nr. 482, Berlin.

Hindersmann, M./Myßen, M. (2003), Die Erbschafts- und Schenkungssteuern der Schweizer Kantone, Köln.

Holthaus, T. (2011), Die Berücksichtigung von Bildungskosten im Einkommensteuerrecht: Eine einkommensteuersystematische und steuerverfassungsrechtliche Analyse unter besonderer Berücksichtigung des Bologna-Prozesses, Universität Bonn, Münster.

Homburg, S. (2010), Allgemeine Steuerlehre, 6. Auflage, München.

Horschitz, H./Groß, W./Schnur, P. (2010), Bewertungsrecht, Erbschaftsteuer, Grundsteuer: Finanzen und Steuern, Band 13, 17. Auflage, Stuttgart.

Houben, H./Maiterth, R. (2009), Zurück zum Zehnten: Modelle für die nächste Erbschaftsteuerreform, in: *arqus Diskussionsbeiträge zur quantitativen Steuerlehre*, Diskussionsbeitrag Nr. 69, Hannover, S. 1–21.

Hüther, M./Hafemann, K. (2012), Öffentliche Güter, Wettbewerb, Kompetenzverteilung – ökonomische Analysen zum Föderalismus, in: Härtel, I. (Hrsg.), *Handbuch Föderalismus – Föderalismus als demokratische Rechtsordnung und Rechtskultur in Deutschland, Europa und der Welt,* Heidelberg, S. 333–358.

Icking, J. (1993), Deutsches Einkommensteuerrecht zwischen Quellen- und Reinvermögenszugangstheorie, Wiesbaden.

Immes, K./Weith, B. (2014), Das lange Warten auf die Entscheidung des Bundesverfassungsgerichts zur Erbschaftsteuer, in: *Finanzierung im Mittelstand*, Heft Nr. 1, S. 19–21.

Jürges, H. (2001), Do Germans Save to Leave an Estate? An Examination of the Bequest Motive, in: *Scandinavian Journal of Economics*, S. 391–414.

Kirchgässner, G. (2008), Die Verflechtungsfalle bleibt bestehen, in: *Wirtschaftsdienst*, Jg. 88, 9/2008, S. 69–571.

Kitterer, W. (2007), Bundesstaatsreform und Zukunft der Finanzverfassung, Fifo Discussion Papers No. 07-3, Köln.

Kloten, N. (1951), Die Grenzen der Erfassung der öffentlichen Verbandstätigkeit mit den Mitteln der theoretischen Ökonomik, Bonn.

Klümpen-Neusel, C. (2010), Reform der Reform – Erbschaft- und Schenkungsteuerrecht 2010: Die Änderungen des Erbschaftsteuerreformgesetzes vom 24.12.2008 durch das Wachstumsbeschleunigungsgesetz vom 22.12.2009, in: *GmbH -Steuerpraxis*, Heft Nr. 4, S. 97–99.

Kohli, M./Schupp, J. (2004), Besteuerungen von Erbschaften und Schenkungen – Pro und Kontra, working paper Deutsches Institut für Wirtschaftsforschung, Berlin.

Kraft, C./Kraft, G. (2014), Grundlagen der Unternehmensbesteuerung – Die Erbschaft- und Schenkungsteuer, 4. Auflage, Wiesbaden.

Kronberger Kreis (2007), Erbschaftsteuer: Behutsam anpassen, in: *Stiftung Marktwirtschaft*, Band 46, Berlin.

Lehner, M. (2009): Die verfassungsrechtliche Verankerung des objektiven Nettoprinzips, in: *Deutsches Steuerrecht*, Heft Nr. 5, S. 185–191.

Lindgens, B. (2013), Dauerbaustelle Erbschaftsteuer, in: *Creditreform*, Heft Nr. 1, S. 32.

Loose, M. (2013), Erbschaftsteuer erneut auf dem verfassungsrechtlichen Prüfstand, in: *Finanz-Rundschau*, Heft Nr. 3, S. 101–106.

Margedant, U. (2012), Länderfinanzausgleich 2020, in: Welt, Härtel, I. (Hrsg.), *Handbuch Föderalismus – Föderalismus als demokratische Rechtsordnung und Rechtskultur in Deutschland, Europa und der Welt*, Heidelberg, S. 571–591.

Meinecke, J.-P. (1999), Rechtfertigung der Erbschaft- und Schenkungsteuer, in: Birk, D. (Hrsg.), *Steuern auf Erbschaft und Vermögen*, DStGJ 22, Köln.

Oberhauser, A. (1980), Erbschaft- und Schenkungsteuer, in: Gerloff, W./Neumark, F., *Handbuch der Finanzwissenschaft*, Band II, Tübingen, S. 487–508.

o.V. (2014), Steuerspirale 2013, in: *NWB*, Heft Nr. 29, S. 2154.

Pfeffekoven, R. (2006), Härtere Verschuldungsregeln für die Bundesländer?, in: *Wirtschaftsdienst*, Jg. 86, 9/2006, S. 555–558.

Petersen, H.-G. (2003), Soziale Gerechtigkeit und Leistungsfähigkeit in dynamischer Perspektive, working paper Band 35, Potsdam, Berlin.

Pressemitteilung (2008), Erbschaftsteuerreform – Eigentlich eine Sache der Länder, in: *Institut der deutschen Wirtschaft*, Nr. 29, Köln.

Reichserbschaftsteuergesetz (1906), Deutsches Reichserbschaftsteuergesetz vom 3.6.1906, in: *RGBl. I 1906*, S. 654 ff.

Reichserbschaftsteuergesetz (1919), Deutsches Reichserbschaftsteuergesetz vom 10.9.1919, in: *RGBl. I 1919*, S. 1543 ff.

Richter, A./Welling, B. (2012), Erbschaftsteuer in der Diskussion, in: *Finanz-Rundschau*, Heft Nr. 21, S. 1015–1025.

Riedel, D. (2014), Die Angst der Unternehmer vor der Reform der Erbschaftsteuer, in: *Handelsblatt*, Nr. 85, S. 1.

Ritschl, H. (1980), Erbschaft- und Schenkungsteuer. in: Willi A. (Hrsg.), *Handwörterbuch der Wirtschaftswissenschaften. (HdWW)*, Band 3, Stuttgart, S. 448.

Rose, G. (2009), Erbschaftsteuer: mit Schenkungsteuer und Bewertungsrecht, 12. Auflage, Bielefeld.

Schaltegger, C.A. (2003), Fiskalischer Föderalismus und Staatstätigkeit, in: *Zeitschrift für Wirtschaftspolitik*, Nr. 52, S. 84–110.

Scheffler, W./Spengel, C. (2004), Erbschaftsteuer im internationalen Vergleich, in: *Betriebs-Berater*, 59. Jg., Heft Nr. 18, S. 967–974.

Scheffler, W./Wigger, B. U. (2006), Zur geplanten Reform der Erbschaftsteuer, in: *Betriebs-Berater*, Heft Nr. 45, S. 2443–2448.

Scheffler, W. (2012), Besteuerung von Unternehmen: Ertrag-, Substanz- und Verkehrssteuern, Band I, 12. Auflage, Heidelberg.

Scherf, W. (2011), Öffentliche Finanzen, 2. Auflage, Konstanz und München.

Schelle, K. (1971), Der Weg zu einem zeitgemäßen Steuersystem, in: Karl-Bräuer-Institut des Bundes der Steuerzahler (Hrsg.), *Diskussionsbeiträge zur Reform des materiellen Steuerrechts*, Heft Nr. 20, Wiesbaden.

Schick, G. (2004), Steuerautonomie und Wirtschaftskraftausgleich, in: *Wirtschaftsdienst*, Jg. 84, 4/2004, S. 230–235.

Schlesinger, F. (2008), Effizienz- und Gerechtigkeitswirkungen der Erbschaftsteuer, Eine kritische Diskussion aktueller Reformvorschläge, 1. Auflage, Saarbrücken.

Schmidt, K. (1960), Die Steuerprogression, 1. Auflage, Tübingen.

Schneider, D. (1971), Gewinnermittlung und steuerliche Gerechtigkeit, in: *Zeitschrift für betriebswirtschaftliche Forschung*, Jg. 23, S. 352–394.

Schreiber, U. (2012), Besteuerung der Unternehmen. Eine Einführung in Steuerrecht und Steuerwirkung, 3. Auflage, Wiesbaden.

Schulte, W. (2010), Erbschaftsteuerrecht, 1. Auflage, Heidelberg, München, Landsberg, Frechen, Hamburg.

Seer, R. (2013), Erbschaft- und Schenkungsteuer (§ 15), in: Tipke, K./Lang (Hrsg.), *Steuerrecht*, 21. Auflage, Köln, S. 749–800.

Seiler, C. (2013), Art. 70, in: Epping, V./Hillgruber, C. (Hrsg.),*Grundgesetz Kommentar*, 2. Auflage, München, S. 1234–1241.

Sexauer, M. (2004), Verteilungswirkung und Effizienz der Erbschaftsteuer: Eine Untersuchung im Rahmen von Modellen überlappender Generationen, Dissertation, Dresden.

Smith, A. (1983), Der Wohlstand der Nationen – Eine Untersuchung seiner Natur und Ursachen, Übersetzung der englischen Originalfassung von 1776 durch Recktenwald, H. C., 3. Auflage, München.

Starck, C. (1982), Die Anwendung des Gleichheitssatzes, in: Link, Christoph (Hrsg.), *Der Gleichheitssatz im modernen Verfassungsstaat: Symposium zum 80. Geburtstag von Bundesverfassungsrichter Gerhard Leibholz am 21. November 1981*, Baden Baden, S. 51–73.

Statistische Ämter des Bundes und der Länder (2014), Gebiet und Bevölkerung – Fläche und Bevölkerung, http://www.statistik-portal.de/statistik-portal/de_jb01_jahrtab1.asp (aufgerufen am 16.09.2014).

Statistisches Bundesamt (2004a), Bevölkerung und Erwerbstätigkeit: Wanderungen 2000, Fachserie 1, Reihe 1.2, Wiesbaden.

Statistisches Bundesamt (2004b), Bevölkerung und Erwerbstätigkeit: Wanderungen 2001, Fachserie 1, Reihe 1.2, Wiesbaden.

Statistisches Bundesamt (2004c), Bevölkerung und Erwerbstätigkeit: Wanderungen 2002, Fachserie 1, Reihe 1.2, Wiesbaden.

Statistisches Bundesamt (2004d), Bevölkerung und Erwerbstätigkeit: Wanderungen 2003, Fachserie 1, Reihe 1.2, Wiesbaden.

Statistisches Bundesamt (2005), Bevölkerung und Erwerbstätigkeit: Wanderungen 2004, Fachserie 1, Reihe 1.2, Wiesbaden.

Statistisches Bundesamt (2007), Bevölkerung und Erwerbstätigkeit: Wanderungen 2005, Fachserie 1, Reihe 1.2, Wiesbaden.

Statistisches Bundesamt (2007), Bevölkerung und Erwerbstätigkeit: Wanderungen 2006, Fachserie 1, Reihe 1.2, Wiesbaden.

Statistisches Bundesamt (2009), Bevölkerung und Erwerbstätigkeit: Wanderungen 2007, Fachserie 1, Reihe 1.2, Wiesbaden.

Statistisches Bundesamt (2010), Bevölkerung und Erwerbstätigkeit: Wanderungen 2008, Fachserie 1, Reihe 1.2, Wiesbaden.

Statistisches Bundesamt (2011), Bevölkerung und Erwerbstätigkeit: Wanderungen 2009, Fachserie 1, Reihe 1.2, Wiesbaden.

Statistisches Bundesamt (2012), Bevölkerung und Erwerbstätigkeit: Wanderungen 2010, Fachserie 1, Reihe 1.2, Wiesbaden.

Statistisches Bundesamt (2013), Bevölkerung und Erwerbstätigkeit: Wanderungen 2011, Fachserie 1, Reihe 1.2, Wiesbaden.

Statistisches Bundesamt (2014a), Bevölkerung und Erwerbstätigkeit: Wanderungen 2012, Fachserie 1, Reihe 1.2, Wiesbaden.

Statistisches Bundesamt (2014b), Bevölkerung und Erwerbstätigkeit: vorläufige Wanderungsergebnisse 2013, Fachserie 1, Reihe 1.2, Wiesbaden.

Statistisches Bundesamt (2014c), Statistik über das Steueraufkommen, https://www.destatis.de/DE/ZahlenFakten/GesellschaftStaat/OeffentlicheFinanzenSteuern/Steuern/Steuerhaushalt/Tabellen/KassenmaessigeSteuereinnahmen.html (aufgerufen am 13.09.2014).

Stiglitz, J.-E. (1989), Finanzwissenschaft, 2. Auflage, München.

Straubhaar, T. (2007), Erbschaftsteuer – Abschaffen ist besser als revidieren, in: *Zeitschrift für Wirtschaftspolitik*, Heft Nr. 3, S. 291–300.

Tipke, K. (2003), Die Steuerrechtsordnung, Teil 2 – Steuerrechtfertigungstheorie, Anwendung auf alle Steuerarten, sachgerechtes Steuersystem, 2. Auflage, Köln.

Wellisch, D. (2000a), Finanzwissenschaft I, Rechtfertigung der Staatstätigkeit, 1. Auflage, München.

Wellisch, D. (2000b), Finanzwissenschaft II, Die Theorie der Besteuerung, 1. Auflage, München.

Werding, M. (2002), Ost-West-Wanderungen in Deutschland: Die Jungen gehen – Alte kommen, in: *ifo Schnelldienst*, Jg. 55, Nr. 4, S. 44–45.

Wernsmann, R. (2008), Rechtsgutachten zu Verfassungsfragen des Entwurfs des Erbschaftsteuerreformgesetztes, Gutachten, Passau.

Wissenschaftlicher Beirat beim Bundesministerium der Finanzen (2011), Die Begünstigung des Unternehmensvermögens in der Erbschaftsteuer, Gutachten, Berlin.

Wissenschaftlicher Beirat des Bundeministeriums für Finanzen (2012), Die Begünstigung des Unternehmensvermögens in der Erbschaftsteuer, Gutachten, Berlin.